의식하지 않는 기술

내 안의 잠들어 있는 잠재력을 깨우는
과학적인 방법 21가지

고바야시 히로유키 지음 | 한양희 옮김

의식하지

Don't be So
Comscious

않는 기술

이터

| 차례 |

5장 | 무의식은 나의 가장 좋은 친구다

가능성을 끌어올리는
무의식의 힘

◇◇◇◇◇◇◇◇◇◇

사람은 어떻게 하면 잘 살아갈 수 있을까?

사람은 어떻게 하면 중요한 순간에 실력을 제대로 발휘할 수 있을까?

사람은 어떻게 하면 원하는 대로 성공 가도를 달릴 수 있을까?

사람은 어떻게 하면 후회 없는 인생을 살아갈 수 있을까?

이는 제가 오랫동안 고민해온 저의 영원한 연구 주제입니다.

사람들 중에는 자신의 능력을 맘껏 발휘해 반짝반짝 빛이 나는

사람이 있는가 하면, 자신의 능력을 한번 발휘해보지도 못하고

묻어버리는 사람도 있습니다. 무엇을 하든 잘되는 사람이 있는가

하면, 무엇을 하든 잘 안 되어 고생하는 사람도 있습니다. 또 자신의 인생을 후회 없이 살아가는 사람이 있는가 하면, 후회뿐인 인생을 살아가는 사람도 있습니다.

도대체 이런 차이는 왜 생기는 것일까요?

자신의 능력을 제대로 발휘하는 사람과 그렇지 않은 사람에게는 어떤 차이가 있는 것일까요?

왜 그런 차이가 날까, 이상하지 않은가요?

저는 의사가 되기 전부터 서두에서 이야기했던 주제에 대한 답을 찾기 위해 계속해서 연구를 했습니다. 또 의사가 되고 나서는 자율신경의 메커니즘과 컨디셔닝(특정 조건에 반응을 보이거나 익숙해지도록 하는 훈련)을 연구하고, 눈부신 성공을 거머쥔 일류 운동선수들이나 경영인들의 이야기 속에서 그 답을 얻기 위해 노력해 왔습니다. 그리고 지금은 저 나름의 '해답'을 찾았다는 확신이 듭니다.

지금까지 오랫동안 연구해온 주제, '사람은 대체 어떻게 해야 잘 살아갈 수 있을까?'에 대한 답을 이제야 드디어 찾은 듯합니다. 그것은 바로 '무의식의 힘을 끌어내는 것'입니다.

행동의 90%는 무의식이 결정한다

-

무의식은 흔히 '빙산'에 비유됩니다. 바다 위에 보이는 부분은 빙산의 극히 일부이고, 수면 아래 보이지 않는 부분에 그 몇 배, 아니 몇 십 배에 달하는 커다란 얼음덩어리가 존재하고 있습니다. 이와 마찬가지로 우리가 어떤 행동을 할 때 의식적으로 하는 경우는 극히 일부이고, 의식 저편에 그 몇 배에 달하는 무의식이 존재하고 있습니다.

일설에 의하면 인간의 행동 가운데 의식적으로 하는 행동은 10%에 불과하다고 합니다. 그리고 나머지 90%가 무의식에 의한 행동이라고 합니다. 어쩌면 이 10%, 90%라는 수치가 과학적으로 명확한 근거가 있는 것은 아닐 수도 있습니다. 하지만 수치의 정확성 여부를 떠나 인간의 행동이 상당 부분 무의식에 의해 움직인다는 것은 과학적으로도 부정할 수 없는 사실입니다.

한번 생각해볼까요?

우리가 숨을 쉬거나 눈꺼풀을 깜박이거나 할 때 일일이 의식을 하나요?

하품을 하거나 기지개를 켤 때 일일이 의식을 하나요?

또 머리카락을 만지작거리거나 다리를 떨거나 턱을 괴거나 하는 버릇이 있는 사람도 일일이 그런 행동을 의식해서 하지는 않습니다. 이러한 것들은 모두 나도 모르게 무의식적으로 행해지는 동작입니다. 이처럼 우리가 일상생활에서 하는 행동은 언뜻 의식적으로 하는 것처럼 보이지만, 실제로는 꽤 많은 부분이 무의식에 의해 움직이고 있습니다.

다시 말해 빙산과 마찬가지로 '눈에 보이는 부분(의식적으로 하는 행동)'은 극히 일부이고, 꽤 많은 부분이 '눈에 보이지 않는 부분(무의식중에 해버리는 행동)'에 지배를 당하고 있는 것입니다. 인간에게 내재되어 있는 무의식에는 일일이 의식의 지시를 받지 않아도 '자동적으로 우리의 몸을 움직이는 힘'이 있습니다.

▶ 잠재능력은 무의식 속에 잠들어 있다.

중요한 순간에 최고의 성과를 내는 법

—

하나하나 의식하지 않아도 자동적으로 자신의 몸이 움직이도록
하는 힘, 그 힘을 확실하게 자각하고 자신을 위해 쓴다면 도대체
어떤 일이 가능해질까요?

운동선수의 경우 동작을 하나하나 의식하지 않아도 자동적으
로 몸이 움직이며 훌륭한 성적을 거둘 수 있을 것입니다. 또 경영
인의 경우에는 무의식중에도 몸을 움직이며 일을 속도감 있게 처
리할 수 있겠지요. 그 밖에 이제껏 아무리 힘들여 노력해도 잘되
지 않던 여러 가지 일들이 자동적으로 척척 진행됩니다. 결국 제
가 연구를 하며 찾아낸 '답'은 이러한 무의식의 힘을 내 것으로
만드는 것입니다.

저는 무의식의 힘을 내 것으로 만들면 누구나 자신이 가지고
있는 능력을 유감없이 발휘해 가장 중요한 순간에 최고의 성과를
낼 수 있다고 생각합니다. 그리고 매일 반복되는 일상 속에서 긍
정적인 효과를 거두며 인생 전반에 걸쳐 자신의 능력을 마음껏
빛내게 될 것입니다.

집중력이 극에 달할 때 들어서는 영역, 존(zone)

—

인간에게 잠재되어 있는 힘은 알면 알수록 불가사의합니다. 어떻게 보면 신비롭다고도 할 수 있습니다. 저는 어렸을 때부터 제가 '힘을 낼 수 있을 때'와 '힘을 낼 수 없을 때'가 있다는 것이 정말 이상했습니다.

저는 중학교 때에는 야구부, 고등학교와 대학교 때에는 럭비부에서 활동하며 스포츠에 빠져 있었습니다. 그런데 야구든 럭비든, 분명 컨디션이 좋은데 실수를 할 때도 있고, 엄청 긴장하고 있는데 도리어 경기가 잘 풀릴 때도 있었습니다. 그런 식으로 컨디션이 결과로 연결되지 않는 이유가 궁금했습니다. 제가 그것을 깨닫게 된 것은 중학교 2학년 때입니다.

지금도 잊을 수 없는 지방 중학교 야구대회 결승전. 0 대 0으로 맞게 된 최종회, 9회 말 원아웃에 3루 마지막 찬스로 제가 타석에 설 차례가 되었습니다. 그때 저는 안타를 칠 자신이 없었기에 어떻게든 다음 타자에게 넘어갈 수만 있도록 스트라이크존에 들어오는 공을 몇 번이고 파울로 버티고 있었습니다.

그러던 중 주위가 갑자기 조용해지는 것을 느꼈습니다. 주위의 모든 움직임이 멈추고, 투수와 저만 움직이고 있는 것 같은 감각에 빠져들게 된 것이었습니다. 게다가 이상하게도 투수가 던진 공이 슬로 모션으로 천천히 다가오는 것처럼 보였습니다. 저는 자연스레 방망이를 들고 날아오는 공을 바라보며 있는 힘껏 쳤습니다. 그러자 그 타구는 실로 끌어당기는 것처럼 곧바로 저 멀리 센터 앞으로 날아갔습니다. 결국 우리 팀은 그 마지막 타구로 우승을 하게 되었습니다. 지금 생각해보면 그것이 제가 처음 경험한 '존zone 체험'이었습니다.

존 체험이란 집중력이 극한에 다다를 때 몸과 마음의 균형이 최고조에 이르러 최고의 실력을 발휘할 수 있게 되는 상태를 말합니다. 하지만 당시 중학생이었던 저는 당연히 그것에 대해 전혀 알지 못했습니다. 그때 저는 '이 신비로운 현상은 도대체 뭐지?'라고 의아해하면서 '이런 감각을 익힌다면 내가 원하는 순간에 더더욱 큰 힘을 발휘할 수 있지 않을까?'라는 생각을 하게 되었습니다. 그다음 해부터 의사의 꿈을 키우게 된 것도 '언젠가 말로 설명하기 힘든, 이 알 수 없는 힘의 원리를 이해하고 싶다'는 생각 때문이었습니다.

의사가 되고 보니 확실히 인간의 행동 원리나 메커니즘이 다양하게 보입니다.

'어째서 인간에게는 힘을 발휘할 수 있을 때와 발휘할 수 없을 때가 있는 것일까?'

제가 어렸을 때부터 의문을 가졌던 부분도 자율신경의 메커니즘과 많은 연관이 있다는 것을 알게 되었습니다. 그러면서 저는 이러한 연구에 더욱 깊이 몰두하게 되었습니다. 특히 교수가 된 후 어느 정도 시간적 자유가 허락된 다음부터 저는 이제까지의 손실을 줄이기 위해서라도 본격적으로 연구에 힘을 쏟기 시작했습니다.

제가 자율신경이 활동하는 메커니즘을 연구하고, 일류 운동선수들의 컨디션이나 실적 향상을 지도하는 일에 관여하고, 이와 관련된 서적들을 출판하게 된 것도 오래전부터 의문을 가져왔던 주제를 보다 깊이 파고들고 싶다는 생각 때문이었습니다. 그리고 이러한 주제를 꾸준히 연구해온 결과, 최종적으로 도달하게 된 답이 '무의식'인 것입니다.

무의식의 힘, 누구나 가지고 있다

–

'존 상태'는 수면 아래에 잠재되어 있는 무의식의 힘이 100% 발휘된 '최상의 상태'라고 할 수 있습니다. 무의식 속에는 인간의 가능성을 넓혀주는 커다란 힘이 내재되어 있습니다. 그런데 많은 사람들이 그 무의식의 힘을 제대로 발휘하지 못하고 있습니다.

▶ 존(zone) 상태에 들어가면
어떠한 역경에도 굴하지 않고 실력을 발휘할 수 있게 된다.

그리고 대부분 그 능력을 끌어내려는 노력조차 하지 않은 채 방치하고 있습니다.

저는 이 책을 통해 무의식이 갖는 힘, 의식하지 않을 때 발휘되는 힘에 대해 알려드리고자 합니다. 무의식이란 무엇인지, 무의식에는 어떠한 힘이 있는 것인지, 무의식의 힘을 끌어내기 위해서는 어떻게 하면 좋을지 등을 과학적인 근거를 바탕으로 가능한 이해하기 쉽게 설명하려고 합니다.

무의식의 힘은 누구에게나 내재되어 있습니다. 누구나 가지고 있는 힘이기에 그것을 자각할 방법이나 끌어낼 비결을 파악하고 실천해간다면 누구든 그 힘을 유용하게 활용할 수 있는 것이지요.

정상급 운동선수들이나 일류 경영인들은 대부분 예외 없이 무의식의 힘을 발휘하고 있습니다. 그들은 어떤 장벽에 부딪칠 때마나 '자기 안에 잠들어 있는 무의식의 힘'을 끌어내 자신의 실적을 향상시키거나 성적을 올리고 있습니다. 이 책을 읽는 여러분 또한 무의식의 힘을 몸에 익혀 잘만 활용한다면 일을 할 때나 개인적으로 중요한 일을 할 때 자신이 가진 본연의 힘을 마음껏 발휘할 수 있게 될 것입니다.

무의식의 힘은 결국 나를 성공의 길로 이끌어줍니다. 무의식의 힘을 몸에 익히면 당장 눈앞의 일에 휘둘리거나 스트레스를 받아 힘들어하는 일이 줄어들고 심신의 상태 또한 안정이 되어 몸도, 마음도 보다 건강한 방향으로 한층 업그레이드될 것입니다. 동시에 일상의 다양한 활동 속에서 나의 능력이 보다 빛을 발하게 될 것입니다.

내 안에 잠들어 있는 무의식의 힘을 깨워라

-

우리는 모두 한 번뿐인 인생을 살고 있습니다. 그런데 단 한 번뿐인 인생에서 자신의 능력을 마음껏 발휘하지 못한다면 너무나 안타깝겠지요. 이제부터라도 수면 아래에 잠들어 있는 무의식의 힘을 최대한 끌어내 후회 없는 인생을 살아가도록 노력해봅시다.

다시 한 번 말씀드리지만, 무의식의 힘은 누구에게나 내재되어 있습니다. 물론 누구에게나 많은 무의식의 힘이 잠들어 있습니다. 그 커다랗고 대단한 무의식의 힘을 충분히 끌어낸다면 '이번엔 기필코'라고 결심하는 중요한 순간에 최고의 힘을 발휘하고, 자신의 인생을 한 단계 높은 수준으로 끌어올릴 수 있게 됩니다.

우리의 인생은 무의식의 힘을 얼마만큼 끌어내느냐에 따라 커다란 차이가 생긴다고 해도 과언이 아닙니다. 여러분도 이제 한 번뿐인 인생을 후회 없이 보내기 위해 내 안에 잠들어 있는 무의식의 힘을 흔들어 깨워야 합니다. 이 책이 여러분의 가능성을 한 층 끌어올리는 데 도움이 되길 바랍니다.

준텐도 대학 의학부 교수
고바야시 히로유키

Don't be So Comscious

1장

일류들이 증명하는
무의식 힘

자신의 실력을 100% 발휘할지 말지, 성공할지 말지, 꿈을 이룰지 말지는 '무의식의 힘을 끌어내는 법'을 얼마나 알고 있느냐에 달려 있습니다. 최고의 운동선수들이나 뛰어난 경영인들은 무의식의 힘을 끌어내는 법을 깨닫고 이를 실천하고 있습니다. 무의식의 힘은 누구에게나 내재되어 있습니다. 자기 안에 내재되어 있는 무의식의 힘을 끌어내는 비결을 익힌다면 누구라도 잠재능력을 끌어내 최고의 능력을 발휘할 수 있을 것입니다.

의식하지 않는
연습을 하라

∞∞∞∞∞∞∞∞

무의식이란 매일 우리가 다양한 활동을 하고 있는 가운데 '의식하지 않는 것'이나 '의식하지 않아도 하고 있는 것'을 가리킵니다. 우리는 매사 의식적으로 생각하고 움직이는 것처럼 느끼지만, 사실은 상당 부분이 무의식에 의해 움직이고 있습니다.

예를 들면 길을 걸을 때를 떠올려보십시오. 보행할 때마다 '아, 우선 오른발을 앞으로 내밀고 오른발이 땅에 닿으면 오른발에 체중을 이동시키는 동시에 왼발을 내밀고'라는 식으로 일일이 의식하고 걷는 사람은 없을 것입니다. 그렇게 하나하나 의식하지 않아도 자연스럽게 걷게 됩니다. 내가 걷는다는 사실을 의식하지 않아도 발을 내밀고, 손을 흔들며 자유롭게 몸이 움직입니다. 이와 마찬가지로 우리가 생활하면서 '의식하지 않고 하는 것'은 상당히 많습니다.

'아침에 일어나 잠이 덜 깬 눈으로 우선 무엇부터 할까?'

'이를 닦을 때에는 어느 이부터 닦을까?'

'욕조에 들어갈 때에는 어느 쪽 발을 먼저 넣을까?'

이런 행동은 대개 일일이 의식하지 않아도 언제나 자연스레 늘 하던 식으로 몸이 움직입니다. 의식적으로 생각하지 않아도 몸이 마치 자동화된 것처럼 일상의 임무를 완수해나가고 있기 때문입니다. 이것은 결국 무의식적인 움직임입니다.

여기서 잠깐 생각해봅시다. 만일 '의식적으로 생각하지 않아도 늘 하던 대로 몸이 자유롭게 무의식적으로 움직이는 것'을 일, 생활, 스포츠 등의 여러 분야에서 똑같이 활용할 수 있다면 어떨까요? 의식적으로 생각하지 않아도 몸이 움직인다면 이제까지 좀처럼 잘 안 되던 일도 자연스럽게 잘해낼 가능성이 훨씬 높아지지 않을까요?

가령 야구 선수 중에 연습할 때에는 공을 정말 잘 던지는데, 막상 시합에만 나가면 전혀 실력 발휘를 못하는 투수가 있다고 칩시다. 만약 '의식하지 않아도 평소처럼 자연스럽게 몸이 움직인다'면 그

선수는 시합에 나가서도 연습 때와 마찬가지로 실력을 발휘할 수 있고, 팀의 에이스가 될지도 모릅니다.

또 회사에서 프레젠테이션을 할 일이 많은데 사람들 앞에만 서면 좀처럼 연습 때만큼 실력 발휘를 잘 못하는 사원이 있다고 가정해봅시다. 만약 '의식하지 않아도 평소대로 말할 수 있다'면 그 사원은 본래 자신이 가지고 있는 능력을 발휘해 프레젠테이션을 성공적으로 마칠 수 있을지도 모릅니다. 무의식의 힘을 끌어내게 되면 이와 같은 효과를 기대할 수 있습니다.

사람들은 대부분 '의식'에 묶여 생활하고 있습니다. 그런데 그 속박을 느슨하게 만든 후 무의식의 힘을 높여간다면 일, 생활, 스포츠 등 다양한 분야에서의 활동들이 '의식하지 않아도 가능해질 것'입니다. 일일이 머리로 의식하거나 생각하지 않아도 자유롭게 몸을 움직이게 되고 다양한 일들이 '평소대로, 연습한 대로' 가능해지는 것입니다. 무의식의 힘을 한층 높여가다가 자신은 물론, 주위 사람들도 놀랄 정도로 기대 이상의 힘을 발휘하게 되는 경우도 적지 않습니다.

어떤가요? 이렇게 대단한 힘이 여러분 안에 내재되어 있다는 것을 알게 된 이상, 당연히 그 힘을 한번 활용해봐야겠지요? 여러분도 충분히 활용할 수 있습니다. 앞서 말씀드린 것과 같이 무의식의 힘은 누구에게나 내재되어 있기 때문입니다. 그 힘을 끌어낸다면 이러한 효과를 보는 것 또한 충분히 가능합니다.

의식하는 순간 부자연스러워진다

－

여러분 중에는 어쩌면 이렇게 생각하는 사람도 있을지 모르겠습니다.

'의식하지 않아도 자연스레 몸이 움직이면서 보다 좋은 결과를 안겨준다고? 세상일이 그렇게 간단한 줄 알아?'

뭐, 어찌 되었든 의심을 하는 것도 이해는 됩니다. 흔히 무의식이나 잠재능력은 '근거 없는 비과학적인 이야기'라고 생각되기도 하지요.

사실 무의식은 뇌 과학이나 심리학에서는 최전선에 있다고 말할 수 있을 만큼 뜨거운 관심을 받고 있는 연구 분야입니다. 하지만 정신세계는 '검증 안 된 것'이라는 선입관 탓에 아무래도 무의식에 대해 오해를 하는 경우가 많습니다.

이 책에서 전하는 내용은 결코 비과학적인 이야기가 아닙니다. 게다가 주위에 눈을 돌려보면 '무의식의 힘(의식하지 않아도 자연스레 몸과 마음을 움직이게 하는 힘)'을 이용해 성적을 올리거나 실적을 향상시키는 사람들이 은근히 많습니다. 그 대표적인 예가 일류 운동선수들입니다.

운동선수들에게는 공통적으로 '트레이닝 목표'라는 것이 있다는 사실을 알고 있습니까? 트레이닝 목표는 '이런 식으로 몸을 움직여야지'라고 하나하나 의식하지 않아도 저절로 평소대로 몸이 움직이도록 하는 것을 말합니다. 운동선수들은 그것을 궁극의 목표로 매일 트레이닝을 하고 있습니다.

일류 운동선수들에게 있어서는 아주 조금의 흐트러짐이나 망설임도 선수 생명과 결부가 됩니다. 몸과 마음이 조금이라도 흐트러지거나 망설임을 느끼는 순간 평소대로 실력 발휘를 하는 것이 불가능해집니다. 그래서 운동선수들이 항상 흐트러지게 되는 요인이나 갈피를 잡지 못하고 망설이게 되는 요인을 최대한 부숴버리고, 어떠한 상황에서든 연습 때처럼 몸을 움직여 평소의 실력을 발휘하기 위해 노력하는 것입니다.

혼란이나 망설임을 낳는 가장 큰 요인은 바로 '의식하는 것'입니다. 예를 들어 축구에서 패널티킥을 차는 경우 '골이 안 들어가면 어떡하지', '실패하면 팀원들 앞에서 얼굴을 들 수 없을 텐데' 등을 의식하게 되면 그 순간 몸이 마음대로 움직이지 않게 되어 실패할 확률이 높아지지요. 의식하기 시작하면 그 순간 긴장감과 초조함이 생겨 어이없는 실수를 저지르거나 거친 플레이를 하게 되기 쉽습니다. 이처럼 운동선수들에게 있어서 '의식을 한다는 것'은 자신의 실력을 떨어뜨리는 하나의 큰 요인입니다. 그러하기에 운동선수들은 어떠한 상황에 놓이더라도 흔들리지 않고 혼란스러움을 느끼지 않도록 준비를 함으로써 '의식하지 않아도 자연스레 몸을 움직여 보다 나은 실력을 발휘할 수 있는 상황'을 만들려고 노력합니다. 그리고 그러한 경지에 도달하기 위해 매일매일 쉼 없이 힘들게 연습을 하며 몸과 마음을 단련해나가는 것입니다.

바꿔 말하면 의식하지 않아도 자유자재로 몸이 움직이는 상태까지 도달해야만 일류 운동선수라고 할 수 있겠지요. 우리가 평소 텔레비전을 통해 자주 보는 최고의 선수들은 그런 높은 차원에서 자기 자신과의 싸움을 끊임없이 반복해가고 있습니다.

중요하지 않은 것에는
신경을 꺼라

◇◇◇◇◇◇◇◇◇◇

흔들림 없이 중심을 잡기 위해서 무의식의 힘을 활용하는 것이 얼마나 중요한지 한 가지 예를 들어보겠습니다.

2017년 WBC(월드베이스볼 클래식) 결승전에서 일본은 우승을 거두지 못했는데, 당시 연일 뜨거운 시합으로 텔레비전에서 시선을 떼지 못하는 분들이 참 많았습니다.

2차 라운드였던 네덜란드와의 경기에서는 다섯 시간 가까이 격투가 반복된 끝에 타이브레이크(게임이 마지막 1점을 남겨두고 동점인 상황에서 12포인트 중 7포인트를 먼저 획득한 쪽이 승리하는 경기단축시스템) 말 8 대 6으로 일본이 승리를 하게 되었습니다. 그 경기에서 특히 중반 이후 선수들이 총력을 기울이는 모습을 보고 양 팀의 승리를 향한 집념을 느낄 수 있었지요.

분위기에 휩쓸리지 마라
—

특히 연장 10회 말에 등판해 2이닝을 막아낸 마키타 선수의 플레이가 눈에 띄었습니다. 평소 야구를 즐겨 보지 않는 분들을 위해 조금 설명을 덧붙이자면, 마키타 선수는 지면에 닿을 듯 말 듯 아슬아슬하게 공을 던져 높이 떠오르게 하는 속구를 주 무기로 하는 투수입니다.

동점에서 맞게 된 연장 10회 말이었기 때문에 네덜란드에 1점이라도 내주게 되면 그 순간 경기는 끝이 나는 상황이었습니다. 일본의 운명이 마키타 선수의 오른팔에 달려 있다고 할 수 있는 상황이었지요. 그렇게 큰 부담감이 관중들에게도 전달되었는지 마키타 선수가 마운드에 오른 순간 구장 전체에 묘한 긴장감이 감돌았고, 그 분위기는 여느 때와 사뭇 달랐습니다.

'이 분위기에 휩쓸리면 안 되는데'라고 감각적으로 느낀 마키타 선수는 구장의 분위기를 가능한 의식하지 않기 위해 애쓰며 눈앞에 있는 타자의 투구에 집중하려고 노력했습니다. 나중에 그는

"어찌 되었든 주위에 신경을 빼앗기지 않도록 애쓰며 있는 힘껏 공을 던져야겠다고 생각했다"고 말했습니다.

이때 마키타 선수는 한 가지 작전을 떠올렸습니다. '야구장 분위기가 평소와 너무도 달라 무언가 수를 쓰지 않으면 상대가 공을 칠 것 같다'고 생각한 그는 평소보다 느린 페이스로 여유를 두고 공을 던졌습니다.

마키타 선수의 특징이 빠른 페이스로 템포 있게 던지는 것인데, 이번만큼은 자신의 주 무기를 바꾸는 게 낫겠다고 직관적으로 판단했던 것입니다. 이 작전이 먹힌 덕분에 마키타 선수는 10회 말 네덜란드 타선을 세 명으로 끝낼 수 있었습니다. 게다가 팀이 이기게 된 후 11회 말 네덜란드의 공격도 막아내며 멋지게 승리 투수로 남았습니다.

저는 그때 마키타 선수가 자기 안의 '무의식의 힘'을 끌어내는 데 성공한 것이라고 생각합니다. 그는 야구장의 분위기를 의식하지 않고, 눈앞에 있는 타자와의 1 대 1 승부에 몰입했습니다. 그리고 오로지 자신의 실력을 맘껏 발휘하는 데에만 신경을 집중했습니다. 무의식중에 문득 뇌리에 스친 직관을 믿은 덕분에 공을 던질 때 여유를 갖고 승부를 할 수 있었습니다. 그렇게 함으로써 엄청난 부담감에 시달리던 마키타 선수는 자신 안의 '흐트러뜨리는 요인'을 과감히 제거할 수 있었습니다. 그리고 가지고 있는 힘을 끌어내 '그래, 지금이야'라고 생각되는 중요한 순간에 최고의 실력을 발휘하는 데 성공한 것입니다.

남의 시선을 의식하는 순간
엉망이 된다

◇◇◇◇◇◇◇◇◇◇

무엇이든 일단 의식하기 시작하면 몸과 마음이 흐트러지고, 쉽게 결정하지 못하고 망설이다가 제 실력을 발휘할 수 없게 됩니다. 앞에서 예로 든 마키타 선수가 만일 그때 '상대 선수가 내 공을 치면 어떡하지?'라는 생각에 얽매여 있었다면 아마도 부담감에 사로잡혀 마음이 혼란스러워지면서 상대 팀에 점수를 내주었을 수도 있습니다. 하지만 그는 그런 방해가 될 만한 의식을 차단하고 자신을 무(無)의 상태로 만들기 위해 힘을 쏟았습니다.

의식하는 것은 스포츠뿐 아니라 일, 집안일, 공부, 인간관계 등에 있어서도 마이너스 결과를 초래하는 경우가 많습니다. 예를 들어 다음과 같은 상황을 떠올려보십시오.

골프에서 드라이버 샷을 칠 때 다른 사람이 내 플레이를 보고 있다고 의식하는 순간 이상하게 힘이 들어가 헛스윙을 하거나 제대로 못 치기 쉽습니다.

프레젠테이션을 할 때에도 '정말 잘해야지'라든가, '깔끔하게 준비해서 꼭 멋지게 발표해야지' 등과 같이 무언가를 의식하는 순간 머릿속이 새하얘지며 발표에 집중하지 못하게 됩니다.

요리를 할 때에도 누군가 앞에서 보고 있으면 평소 잘 깨던 날계란도 이상하게 손에 힘이 들어가 잘 안 깨질 수 있습니다.

직장이나 학교에서도 라이벌을 너무 의식하면 오히려 자신의 컨디션이 엉망이 되어 실수를 하거나 좋은 결과를 내지 못할 수 있습니다.

고급 프랑스 요리를 먹을 때에도 테이블 매너를 너무 의식하다 보면 몸이 굳어 오히려 매너에 반하는 행동을 해 창피를 당하기 쉽습니다.

면접시험에서도 '정말 잘해야 할 텐데', '어떻게 하면 호감을 줄 수 있을까?'라고 의식하다 보면 표정이 굳어버리고, 목소리도 제대로 나오지 않아 오히려 마이너스 점수를 얻기 쉽습니다.

이렇듯 무엇이든 의식에 사로잡히면 실망스러운 결과를 얻을

가능성이 큽니다. 의식하기 시작하는 순간 오히려 집중력이 흐트
러지고 중심이 흔들려 제 실력을 발휘할 수 없는 상태에 빠져버
리게 되기 때문입니다.

실패 뒤에는 남을 의식하는 마음이 숨어 있다
–

이러한 실패들 뒤에 '의식' 이외에도 공통되는 사항이 있다는 것
을 혹시 눈치 챘습니까? 알고 보면 이와 같은 실패들은 모두 '남
의 시선과 주변 상황을 필요 이상'으로 의식한 결과입니다.

사람의 마음을 가장 흔드는 것은 '다른 사람'과 '주변 상황'입니다. 지나
치게 남의 시선을 의식하거나, 남에게 잘 보이려고 하거나, 다른
사람들이 자신을 어떻게 생각할지 의식하거나, 남에게 부정적인
감정을 갖거나, 그러한 것을 신경 쓰기 시작하는 순간 몸과 마음
이 흐트러지고 뛰어나던 능력도 저하되어버립니다.

사람은 '자기 자신'에 대해서는 통제가 가능하지만, '다른 사람'
에 대해서는 통제가 불가능합니다. 다른 사람의 말이나 행동도,
다른 사람이 나를 어떻게 생각할지도 내가 조종할 수 있는 것이
아니지요. 다른 사람이나 주변 상황은 내가 어찌할 수 있는 성질
의 것이 아닙니다.

외모 기대 시선 성공 평가

다른 사람이나 주변 상황을 의식하면 혼란스러워지고 망설이게 된다.

실력 저하

제 실력을 발휘하지 못하고
주변 상황에 휘둘리는 악순환이 반복되며
스트레스가 쌓인다.

▶ 타인을 의식할 때 생기는 부작용

다른 사람이나 주변 상황을 의식하는 순간 그들이 내가 생각하고 기대하는 대로 움직여주지 않는 것에 안절부절못하거나, 그들이 자신을 어떻게 생각할지 신경이 쓰여 별것 아닌 것까지 하나하나 의식하게 되면서 몸과 마음이 흐트러지게 됩니다.

여러분도 일상생활에서 몸과 마음이 흐트러지거나 초조해져 어찌해야 할지 몰라 안절부절못했던 때를 한번 떠올려보세요. 대부분 다른 사람이나 주변 상황을 필요 이상으로 의식한 것에 원인이 있지 않았던가요?

• 사람들 앞에서 잘 보이고 싶었는데 오히려 창피를 당했다.
• 싫어하는 상사의 끝없는 잔소리에 화가 났다.
• 부하의 일 처리 방식이 내 생각대로 되지 않아 고민이 된다.
• 주위에서 이상한 소문이 들려오는 것이 신경 쓰인다.
• SNS에서 전혀 모르는 사람이 상처 주는 말을 해서 괴롭다.
• 블로그나 인스타그램에 올라온 악성 댓글에 충격을 받았다.

모두 다른 사람이나 주변 상황을 의식할 때 나타나는 감정입니다. 아마 "난 거의 하루 종일 다른 사람이나 주변 상황을 의식하며 그들에 의해 좌지우지되는걸?"이라고 말하는 사람도 있겠지요?

혹시 자신의 생각대로 되지 않는 것, 스스로 통제할 수 없는 것에 휘둘리며 자책할 때가 많지는 않은가요? 이처럼 다른 사람이나 주변 상황을 의식하면 그 순간부터 몸과 마음이 혼란스러워지고, 평소 자신의 페이스를 잃어 자신이 가진 능력을 발휘할 수 없게 됩니다. 다시 말해 자신도 모르는 사이에 '의식'이라는 끈에 둘둘 휘감겨 본래 자신의 힘을 드러낼 수 없는 상태에 빠져버리는 것입니다.

나는 나,
내 페이스대로 나아가자

◇◇◇◇◇◇◇◇◇◇

그렇다면 흔들림 없이 제 실력을 충분히 발휘하기 위해서는 어떻게 해야 할까요? 그러기 위해서는 우선 **몸과 마음을 흐트러뜨리거나 고민에 빠지게 만드는 '다른 사람이나 주변 상황'을 의식하지 않도록 차단해버리는 것이 중요합니다.**

한 가지 방법을 추천하자면 중요한 순간에 주위를 보지 않고, 말하지 않고, 듣지 않는 방법이 있습니다. 인간은 누구나 불필요한 것이나 싫은 것을 보고, 말하고, 들으면 마음이 흔들리기 마련입니다. 그런데 다른 사람이나 주변 상황에 대해 '보지 않기, 말하지 않기, 듣지 않기'를 목표로 정하면 다른 사람이나 주변 상황을 의식하지 않을 수 있습니다.

결국 다른 사람이나 주변 상황과 일정한 거리를 두고 커뮤니케이션도 최소한으로 하고, 자신을 뒤흔들 것 같은 것에 대해서는 일체 눈을 감고, 입을 다물고, 귀를 막는 것입니다. 그렇게 하면 '다른 사람이나 주변 상황을 향한 불필요한 의식'을 차단할 수 있습니다.

예를 들어 듣기 싫은 뉴스나 메일, 인터넷상의 상처 주는 글 등은 눈에 보이지 않게 피하고, 회사 회식 자리에서 '다른 사람의 뒷담화'가 이어질 것 같으면 듣지 않기 위해 귀를 막고, SNS에서 부주의한 말을 해 화젯거리가 되지 않도록 말하지 않기의 정신으로 침묵을 지키는 방법이 있습니다. 이렇듯 별것 아닌 일에 관여하지 않기 위해 신경을 쓴다면 다른 사람에 의해 휘둘리거나 자신의 페이스가 흐트러지는 일이 크게 줄어들 것입니다.

보지 않기, 말하지 않기, 듣지 않기

–

일단 다른 사람이나 주변 상황을 필요 이상으로 의식하게 되면 여러 가지 쓸데없는 것들을 생각하게 되고 부담을 갖게 됩니다. 그 '쓸데없는 것'이 몸과 마음에 스트레스와 부담감을 주어 우리의 능력을 저하시키는 것입니다. 보지 않고, 말하지 않고, 듣지 않음으로써 그 쓸데없는 것을 제거하는 것만으로도 몸과 마음이 가벼워지는 것을 경험할 수 있습니다.

다른 시선을 신경 쓸 필요가 없어지면 안절부절못할 필요도 없어지고 한결 편안해집니다. 아마도 쓸데없는 스트레스나 부담감에서 해방되어 몸과 마음이 훨씬 자연스럽게 움직여질 것입니다. 그렇게 되면 불필요한 힘이 들어가거나 누구를 의식하거나 하는 것도 없어지면서 본래 자신이 가지고 있는 힘을 자연스럽게 발휘할 수 있게 될 것입니다. 다시 말하면 그것은 의식에 사로잡히지 않고 몸과 마음을 흐트러짐 없이 '나답게 살아가는 것', '나답게 힘을 내는 것'이라고 할 수 있겠습니다.

무언가를 선택하고 찾는 일에
힘을 빼지 마라

◇◇◇◇◇◇◇◇◇◇

이제부터 쓸데없는 것이나 해도 그만, 안 해도 그만인 것에 몸과 마음이 흐트러지지 않도록 도와주는 중요한 포인트 한 가지를 소개하려고 합니다. 그것은 굳이 선택하지 않아도 되는 상태, 찾지 않아도 되는 상태로 만들어두는 것입니다.

선택하는 행위select와 찾는 행위search가 인간의 심리에 얼마나 커다란 스트레스로 작용하는지 알고 있습니까?

미국 컬럼비아 대학에서 심리학을 가르치는 하버슨 박사는 무언가를 고르거나 결정할 때 우리의 몸과 마음은 일시적으로 긴장 상태가 되고, 우리들이 안고 있는 스트레스의 가장 큰 원인은 '결정하지 않으면 안 되는 것이 너무 많다'는 것이라고 말했습니다.

여러분도 어느 것으로 선택해야 할지 결정하지 못해 안절부절 못하거나, 무언가를 찾지 못해 초조했던 경험이 있겠지요?

우리는 살아가면서 선택을 하지 않으면 안 되는 순간이 참 많습니다. 예를 들어 '어느 옷을 입을까?', '점심은 무얼 먹을까?', '스타벅스에 가면 어느 커피를 주문할까?' 등등 선택하지 않으면 안 되는 순간이 정말 많습니다. 그때마다 어느 것으로 선택해야 할지 망설이거나 고민하게 되지 않나요?

또 일상 중에 무언가를 찾아야만 하는 때도 꽤 많습니다. 예를 들어 책상 위에 놓았던 휴대전화가 안 보이거나, 가방 속에 있던 지갑이 좀처럼 보이지 않거나, 계산대에서 동전을 꺼내 계산하려는데 100원짜리 동전이 안 보일 때, 서랍에 들어 있던 계약서가 안 보일 때 등 무언가를 찾지 않으면 안 되는 순간이 많아질수록 우리는 점점 더 초조해지고 안절부절못하게 됩니다. 이러한 일들이 자꾸 반복되다 보면 스트레스는 더욱 가중될 수밖에 없습니다.

우리는 매일 무언가를 선택할 때 어떤 것을 선택하든 상관없음에도 고민을 하고, 무언가를 찾을 때에도 별것 아닌 것에 긴장을 하게 됩니다. 이러한 '고민'이나 '긴장감'이 우리가 정작 실력 발휘를 해야 하는 순간에 미묘한 흔들림이나 혼란을 초래하게 되는 것입니다. 그러니까 최고의 실력을 발휘하기 위해서는 일상의 자그마한 것들을 '선택하지 않아도 되는 상태, 찾지 않아도 되는 상태'로 만들어두는 것이 중요합니다.

오바마 전 대통령이 같은 색 정장만 입는 이유

–

미국의 전 대통령 버락 오바마는 〈배너티 페어〉라는 잡지사와의 인터뷰에서 다음과 같이 말했습니다.

"매일 일어나는 자그마한 문제에 쓸데없이 시간을 빼앗기지 않도록 하지 않으면 안 됩니다. 그래서 저는 항상 회색이나 파란색 정장만 입기로 했습니다. 선택지를 일부러 좁히는 것입니다. 저에게는 그것보다 더욱 중요한 결단을 내려야 할 때가 수없이 많습니다. 무엇을 입을까, 무엇을 먹을까 하는 사사로운 것을 정하는 데 에너지를 쓰고 싶지 않습니다."

이 글을 읽었을 때 저는 약간의 희열을 느꼈습니다. 왜냐하면 '역시 한 나라의 대통령이라면 결단을 내려야 하는 순간이나 선택해야 하는 것에 대한 스트레스가 크겠구나'라고 깨닫게 된 것도 있지만, 무엇보다 무엇을 입을지 고민하지 않아도 되도록 선택지를 좁혔다는 사실이 놀라웠습니다. 저 역시 이전부터 오랫동안 무엇을 입을지 고민하지 않아도 되도록 노력해왔기 때문입니다.

저의 경우는 정장이 아닌 와이셔츠를 흰색으로 정해놓았습니다. 와이셔츠에는 줄무늬, 푸른색, 회색 등 여러 가지가 있는데 한 가지로 통일해놓지 않으면 어느 것을 선택해야 할지 고민을 하게 되지요.

'오늘의 기분에 맞는 건 어느 색이려나?'

'이 와이셔츠 색이 이 정장에는 안 맞겠는데?'

그러니까 일일이 고민하지 않아도 되도록 와이셔츠는 흰색 한 가지로 통일하기로 정한 것입니다.

또 저의 경우 지갑은 흰색이나 노랑 등 밝은 계열의 색상으로 정했습니다. 그 이유는 밝은색의 지갑이 눈에 잘 띄어 가방 안에서 금방 찾을 수 있기 때문입니다. 검은색이나 어두운 계통의 지갑은 가방 구석에 있게 되면 좀처럼 눈에 잘 띄지 않아 허둥지둥 찾게 될 가능성이 있습니다.

어쩌면 여러분 중에는 '그렇게 자잘한 것이 무슨 영향이 있겠어?'라고 생각하는 사람도 있겠지요? 하지만 이렇게 '어떻게 하든 상관없는 것'이나 '자잘한 것들'을 확실하게 정해두는 것이야말로 중요합니다.

정장이든 와이셔츠든 지갑이든, '오늘은 무엇으로 할까?' 또는 '응? 그게 어디 있더라?'라고 생각하는 순간 그것에 신경을 빼앗기게 됩니다. 하지만 '굳이 선택하지 않아도 되는 상태', '찾으려고 애쓰지 않아도 되는 상태'로 만들어놓으면 허둥대거나 고민하지 않고, 아무 신경을 쓰지 않아도 자동적으로 일이 진행됩니다. 즉, 일일이 의식하지 않아도 평소대로 자연스럽게 몸과 마음이 움직이는 상태가 되는 것입니다.

다양한 상황에서 이처럼 하나하나 의식하지 않아도 몸과 마음이 평소처럼 움직이는 상태를 만들어간다면 내 안의 무의식의 힘이 점점 커지게 됩니다. 그래서 뛰어난 운동선수나 유능한 경영인 중에는 자신이 가지고 있는 물건이나 일상생활에서 굳이 의식하지 않아도 되도록 '자신만의 규칙'을 세세하게 정해두는 사람이 많습니다. 다시 말해 사소한 것이나 어찌 되든 상관없는 것은 자신만의 규칙에 따라 평상시대로 할 수 있도록 가능한 자동화시켜 정말 중요한 순간에 자신의 힘을 있는 힘껏 발휘할 수 있는 상태를 만들어두는 것입니다.

역사적 승리를 거머쥔 럭비 선수들의 가방 속 비밀

—

실제 있었던 사실 하나를 예로 들어보려고 합니다.

2015년, 럭비 월드컵 당시 남아프리카와의 경기에서 일본 대표팀은 역사적인 승리를 거머쥐었습니다. 그 무렵 신문기사에서 일본 대표팀 럭비 선수들은 해외 원정 경기 때 자신들의 가방 속에 들어 있는 물건을 하나하나 세세하게 신경 쓴다는 글을 봤습니다. 어느 정도인가 하면 '셔츠는 어느 것으로 몇 장', '팬티는 무슨 색으로 몇 장', '아이들 사진 꼭 챙겨두기'와 같은 세세한 항목들을 가방 속 어디에 넣어둘지까지 정해서 필요할 때 바로바로 꺼낼 수 있도록 정리했다고 합니다.

그 정도로 물건 하나하나에 신경을 쓴 것은 경기장에 도착해서 '어? 그게 어디 갔지?', '○○가 안 보이네?', '○○을 어디에 넣어두었더라?'라고 허둥대며 찾지 않기 위해서였습니다. 이렇듯 어떻게 하든 상관없는 것이나 사소한 것을 확실하게 정리해두어야 자신의 최상의 힘을 가장 중요한 순간에 쏟아부을 수 있다고 생각했기 때문입니다.

저는 이제까지 수많은 선수들의 컨디셔닝 관련 일을 해오면서 뛰어난 선수일수록 작은 부분까지 철저하게 준비한다는 사실을 알게 되었습니다. 불필요한 것에 신경 쓰지 않아도 되고, 어떻게 되든 크게 상관없는 것들은 자동화하고, 사전에 미리 의식하지 않아도 되는 상태로 준비해둬야만 정말 중요한 순간에 힘을 발휘할 수 있게 되는 것입니다.

성공한 사람들의
공통된 습관, 준비

◇◇◇◇◇◇◇◇◇◇

지금까지 설명한 것과 같이 인간은 의식하는 것에 따라 몸과 마음의 상태가 좌우됩니다. 이 때문에 성공한 사람들은 의식하지 않아도 될 만큼 '준비'를 확실하게 해두고 중요한 순간에도 평상시처럼 몸과 마음이 자유자재로 움직일 수 있도록 하고 있습니다. 몸과 마음이 일일이 의식하지 않아도 자동적으로 움직이도록 준비를 해두면 내 안에 내재되어 있는 무의식의 힘을 끌어내 정말 필요한 순간에 최고의 실력을 발휘할 수 있기 때문입니다.

운동선수나 경영인 등 각 분야에서 두각을 나타내는 사람들은 모두 이러한 준비의 중요성을 잘 알고 있습니다. 예를 들어 국가 대표 축구 선수들이 흔히 시합 후 인터뷰에서 "다음 시합에서도 확실하게 준비를 해 좋은 경기를 보여드리겠습니다"라고 이야기를 하지요. 대부분 '준비'라는 단어를 강조합니다. 그것은 준비야 말로 좋은 경기를 선보이기 위한 최고의 열쇠라는 것을 그들은 뼈저리게 느끼고 있기 때문입니다.

제대로 준비하지 않으면 정말 자그마한 실수에도 마음이 흐트러져 실력 발휘를 다 못할 수도 있습니다. 이 때문에 그들은 연습과 단련을 이어가며, '더 이상은 할 수 있는 게 없어'라는 느낌이 들 정도로 철저히 준비를 합니다. 그럼으로써 모든 불안 요소를 잠재워버리는 것입니다.

이는 의사가 외과 수술을 할 때에도 마찬가지입니다. 뛰어난 의사들은 수술 개시부터 수술 종료까지의 흐름을 시뮬레이션하면서 모든 불안 요소를 제거하려고 노력합니다. 만약의 상황에 대비해 사전에 철저하게 준비를 해두는 것입니다. 수술 중 생각지 못한 긴급 사태가 벌어졌을 때 신속하게 대응하지 못하면 환자의 생명에 지장이 있을 수 있기 때문입니다.

철저하게 준비를 해두면 수술이 시작되자마자 곧 끝날 듯한 느낌을 받을 수도 있습니다. 게다가 일일이 '이렇게 해야지', '다음엔 저걸 해야지'라고 의식하지 않아도 메스를 쥐고 있는 손이 자연스럽게 움직이게 됩니다. 정말 중요한 순간에 자동적으로 몸이 움직여 제대로 실력 발휘를 하게 되는 것이지요.

결국 준비를 철저히 해둔다는 것은 무의식의 힘을 끌어내 성공적인 결과를 가져오기 위한 기본이라고 할 수 있습니다. 한마디로 준비는 자신의 실력을 끌어올리기 위한 필수 조건이라고 할 수 있겠지요.

실력 발휘의 방아쇠, 루틴

—

중요한 순간에 평소대로 실력을 발휘하기 위해 많은 운동선수들이 중요하게 여기는 것이 바로 '루틴routine'입니다. 영어로 루틴은 '일상에서 반복되는 정해진 일', '항상 반복하고 있는 일과나 자신만의 고유한 동작 또는 절차'라는 의미가 있고, 일이나 생활 등에서 매번 규칙적으로 행해지는 작업을 가리킵니다.

스포츠에 있어서 집중력이나 성공률을 높이기 위해 의식적으로 하는 루틴은 '프리샷 루틴'이라고도 부릅니다. 원래 프리샷 루틴은 골프에서 샷을 치기 전에 정해진 동작을 여러 번 반복하는 것을 의미했는데, 이것이 점점 스포츠계 전체로 확대되어간 것입니다.

골프는 굉장히 세밀한 스포츠이며, 샷을 칠 때에는 약간의 힘이 들어가거나 잠시 마음이 흔들리는 것만으로도 바로 영향을 주게 됩니다. 때문에 그렇게 되지 않도록 샷을 치기 전에 스윙을 해보거나 스텝을 밟아보거나 하는 행동을 하며 '항상 반복해서 했던 루틴 동작'을 함으로써 집중도를 높이고, 평소의 실력을 발휘할 수 있도록 하는 것입니다.

프리샷 루틴은 중요한 순간에 실력을 발휘하기 위한 준비의 최종 단계라고 할 수 있습니다. 혹은 자신이 가지고 있는 능력을 한 단계 업그레이드시켜줄 집중 상태에 들어가는 신호라고도 할 수 있습니다. 루틴 의식을 행함으로써 '내가 할 수 있는 것, 준비할 수 있는 것은 모두 했다', '이제 남은 건 집중도를 쭉 올려 최상의 실력을 발휘해 좋은 결과를 내는 것뿐이다'라는 승부 태세를 정비할 수가 있습니다.

중요한 순간에 결정적인 힘을 발휘할 수 있는 저력은 '혼란이나 고민 같은 요소를 전부 잠식시켜 철저히 준비하고, 어떤 누구에게도 방해받지 않으며, 바로 눈앞의 승부에 집중할 수 있는 상태가 되었을 때 나오는 것'이라는 사실을 운동선수들은 체험을 통해 이미 잘 알고 있습니다. 무의식의 힘도 이와 마찬가지로 모든 준비를 철저히 하고 나서 몸과 마음의 집중도가 쭉 올라갔다는 신호를 받았을 때 비로소 끌어낼 수 있는 것 아닐까요?

무의식의 힘을 100% 끌어내는 법

◇◇◇◇◇◇◇◇◇◇

이제부터 앞에서 잠시 언급한 '존 상태'에 대해 자세히 이야기를 해보겠습니다.

존 상태란 '어떤 일을 할 때 집중력이 극에 달하고, 심신의 감각이 최고치에 달하면서 신적인 경지에 올라 실력이 100% 이상 발휘되는 상태'를 말합니다. 저는 지금껏 수많은 운동선수들과 경영인들의 컨디셔닝 관련 일을 해오며 존 상태를 체험했다는 이야기를 정말 많이 들었습니다.

"결정적인 순간에 내 실력을 뛰어넘는 힘이 나와 연습 때에도 좀처럼 선보일 수 없었던 경기를 할 수 있었다. 내 몸이 자유자재로 움직이는 것 같은 느낌이었다."

"무언가 커다란 힘이 나와 나를 골까지 이끌어주었다."

"주위가 갑자기 조용해지며 눈에 보이는 사람이나 공 모두 슬로 모션으로 움직이는 것 같은 느낌이었다."

"굉장히 집중하고 있는데도 희한하게 몸과 마음은 냉정할 정도로 침착하고 편안한 느낌이 들었다."

"눈앞에 펼쳐지는 경기가 전부 내가 생각하는 대로 진행이 되어 이 상태라면 지지 않을 거라는 생각이 들었다."

"결정적인 순간에 마치 시간이 멈추며 신이 내 등을 밀어주고 있는 듯한 기분이 들었다."

"굉장히 빠른 속도로 경기가 이어지고 있는데도 나 혼자만 천천히 여유 있게 움직이고 있는 듯하고, 그 순간 최고의 경기를 보여줄 수 있을 것 같다는 자신감이 생겼다."

일본의 유명한 피겨스케이팅 선수 하뉴 유즈루 선수가 들려준 이야기를 소개하겠습니다.

하뉴 선수는 2017년 헬싱키에서 개최된 세계피겨선수권 프리 스케이팅에서 4회전 점프를 네 번 성공하며 자신이 세웠던 세계

역대 최고득점 기록을 다시 세우는 완벽한 경기를 보여주었습니다. 전날 쇼트 프로그램에서 5위를 했던 그는 압도적인 연기를 선보이며 역전 우승을 거뒀습니다.

다음 날 하뉴 선수는 한 신문사와의 인터뷰에서 프리스케이팅 연기 당시 느낀 '궁극의 집중 상태'에 대해 다음과 같이 이야기했습니다.

"가장 처음 4회전 점프를 하고 난 다음 제 자신이 바람이나 강속에 풍덩 하고 빠진 듯한 느낌, 무언가 자연과 동화되어가는 듯한 느낌이 강하게 들었습니다. 정말 최상의 집중 상태가 되었습니다. (중략) 점프를 할 때마다 서서히 자연과 하나가 되어가는 느낌이 들었습니다."

하뉴 선수는 이때 연기 내용을 잊어버릴 정도로 집중하며 궁극의 집중 상태에 무의식적으로 들어갔다고 말했습니다. 하뉴 선수가 '존 상태'라는 말을 사용하지는 않았지만, 이와 같은 경지에 달했던 것이라고 감히 말할 수 있습니다. 신적인 경지에서만 표현할 수 있는 물 흐르듯 아름답게 펼쳐진 그때의 경기 모습을 본다면 하뉴 선수가 그러한 경지에 도달했었다는 사실을 납득할 수 있을 것입니다.

궁극의 집중과 궁극의 릴렉스의 절묘한 조화

–

존 상태는 과학적으로 보면, 자율신경의 교감신경과 부교감신경 이 둘 다 높은 수준보다 더 올라간 때에 나타나기 쉽습니다. 자율 신경에 관해서는 다음 장에서 좀 더 자세히 설명하겠습니다.

교감신경은 몸과 마음이 집중하고 긴장하고 있는 상태일 때 더욱 활발해지고, 부교감신경은 몸과 마음이 릴렉스 하고 있는 상태일 때 더욱 활발해집니다.

교감신경과 부교감신경은 서로 반대되는 역할을 하면서 몸과 마음의 움직임을 통제하고 있습니다. 존 상태에서는 교감신경과 부교감신경이 최상의 수준에서 서로 균형 있게 상승하고 있는 경우가 많습니다.

결국 최상의 집중(교감신경)과 최상의 릴렉스(부교감신경) 상태가 절묘하게 조화를 이루며 상승할 때 몸과 마음을 통제하는 힘이 최고의 수준에 달해 모든 것이 자연스럽게 잘되어가는 것처럼 느껴지거나, 몸이 생각대로 움직이는 것처럼 느껴지게 됩니다. 또한 이로 인해 신적인 경지의 실력이 발휘되는 것입니다.

아마 하뉴 선수가 '바람이나 강 속에 풍덩 빠진 듯한 느낌', '자연과 동화되어가는 느낌'이라고 말한 것도 의식하지 않아도 자신의 몸을 자연스럽게 통제할 수 있는 존 상태를 표현한 것이 아닐까요?

존 상태와 무의식의 떼려야 뗄 수 없는 관계
-

그러면 다시 무의식에 대한 이야기로 돌아가보겠습니다.

존 상태는 무의식의 힘이 최대한으로 끌어올려진 '최상의 형태'입니다. 앞에서 소개한 것처럼 존 상태를 체험한 대부분의 사람들이 '몸이 마음대로 움직이는 느낌'이라든가 '심신이 자유자재로 움직이는 감각'이 있었다고 말합니다. 이는 곧 '심신이 의식의 굴레에서 해방되어 무의식적으로 신체를 움직이게 되는 상태'라고 할 수 있습니다.

존 상태에 들어가 있을 때에는 자율신경이 최상의 수준에 있기 때문에 어떤 상황 속에서도 동요하거나 흔들림 없이 냉정하게 신체를 통제하며 움직일 수 있게 됩니다. 그러므로 눈앞의 상황 변화에 신속하게 대응하며 자신의 힘을 최대한으로 발휘할 수 있게 되는 것입니다. 그 결과 야구 타자가 '어떠한 공이 오더라도 칠 수 있다', 골키퍼가 '어떤 슛도 막아낼 수 있다', 피겨스케이트 선수가 '어떠한 상황에서도 점프를 할 수 있다'는 식으로 생각하며,

자신의 몸과 마음을 통제하는 힘을 높여 목표를 실현시킬 수 있게 되는 것입니다. 이는 사용하지 못하고 묵혀뒀던 능력이 최대한으로 끌어올려지고, 자신 안의 무의식의 힘이 발휘된 증거라고 할 수 있습니다.

평범한 사람이 존 상태에 이르려면?

—

누구나 쉽게 존 상태에서 무의식의 힘을 100% 발휘하는 경지에 도달할 수 있는 것은 아닙니다. 존 상태는 마음과 몸, 기술을 꾸준히 갈고닦으며 연마해온 사람이 최종적으로 도달하게 되는 최고의 경지입니다. 그 최고까지 도달하려면 꽤 많은 수련과 단련을 반복해야만 합니다.

물론 그렇다고 해서 존 상태가 우리같이 평범한 사람은 절대 도달할 수 없는 금단의 영역인 것은 아닙니다. 예를 들어 무의식의 힘을 단련해 잘 끌어낸다면 존 상태에 다가가는 것이 충분히 가능합니다.

실력이 뛰어난 운동선수들처럼 무의식의 힘을 100% 완전하게 끌어내기는 힘들지 몰라도 30%, 40%, 50% 정도는 끌어올릴 수 있습니다. 그러므로 매일 몸과 마음의 컨디션을 조절하고

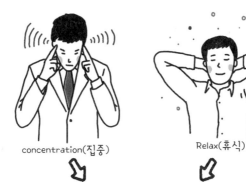

concentration(집중)   Relax(휴식)

몸과 마음을 통제하면 최상의 실력이 발휘된다.

신적인 경지의 최고 실력 발휘 시

- 주위가 갑자기 조용해지며 움직임이 멈춘 듯한 느낌을 받는다.
- 몸이 자유롭게 움직인다.
- 어떠한 상황에서도 잘할 수 있을 것 같다는 생각이 든다.
- 연습할 때보다 뛰어난 실력이 발휘된다.
- 내가 나라고 느껴지지 않을 정도의 힘이 나온다.

무의식의 힘을 100% 끌어낸다!

▶ '존 상태'의 메커니즘

무의식의 힘을 가능한 많이 끌어내기 위해 노력해야 합니다. 그것은 다시 말해 일일이 의식하지 않아도 자동적으로 몸이 움직이는 상태를 만들어가는 것입니다. 의식에 의해 몸과 마음이 동요되지 않도록 연습을 하다 보면 언젠가 내 안에 잠들어 있던 힘이 불쑥 나와 멋지게 실력을 발휘할 수 있는 날이 올 것입니다.

컨디션이 최상일 때
무의식의 힘도 커진다

무의식의 힘을 한 단계 업그레이드시키는 것은 곧 몸과 마음을 최상의 컨디션으로 만드는 것을 뜻합니다. 무의식의 힘이 향상되면 자율신경의 균형이 잡히고, 자신이 가지고 있는 능력을 마음껏 발휘할 수 있게 됩니다. 의식의 방해를 받거나, 스트레스에 시달리거나 하는 일 없이 몸과 마음이 얽매임에서 해방되어 최고의 컨디션으로 실력 발휘를 할 수 있게 되는 것입니다.

최고의 컨디션을 위해 미리미리 준비를 해둔다면 어떠한 부담감에도 동요되지 않고 최상의 실력을 발휘할 수 있겠지요. 또한 더 잘된다면 존 상태에까지 이르러 본인의 최고 기록까지 낼 수 있을지도 모릅니다. 경영인이라면 본인도 놀랄 정도의 실적을 올려 목표를 달성할 수 있겠지요. 수험생이라면 초조해하거나 동요되지 않고 자신이 배우고 공부한 모든 것을 시험에 쏟아부을 수 있을 것이고요, 외과의사라면 어려운 수술을 성공시킴으로써 이름을 널리 알리거나, 예술가라면 기존의 틀을 깨뜨려 새로운 걸작을 탄생시키게 될지도 모릅니다.

내 안에 잠들어 있는 잠재능력을 끌어낼지 말지는 '무의식의 힘을 발휘할 수 있는 컨디션'을 얼마만큼 조절하느냐에 달려 있다고 할 수 있습니다. 컨디션을 얼마나 잘 조절하는가에 따라 능력을 얼마나 발휘할 수 있는지가 결정됩니다. 또한 이러한 능력을 얼마만큼 끌어내느냐에 따라 손에 쥐게 될 성공의 크기나 목표의 달성도가 달라집니다.

결국 자신의 실력을 100% 발휘할 수 있는가 없는가, 성공할 수 있는가 없는가, 자신의 꿈을 이룰 수 있는가 없는가의 모든 것들은 '무의식의 힘을 끌어내는 법'을 얼마나 알고 있느냐에 달려 있다고 할 수 있습니다. 그런데 무의식의 힘을 끌어내는 법을 깨닫고 실천하는 사람은 의외로 많지 않습니다. 이것을 실천하고 있는 것은 최고의 운동선수나 뛰어난 경영인 등 극히 일부의 성공한 사람에 그치고, 무의식의 힘을 끌어내는 법을 알고 있는 사람과 전혀 알지 못하는 사람 사이에는 큰 차이가 생길 수밖에 없습니다.

그렇다고 결코 초조해할 필요는 없습니다. 자기 안에 내재되어 있는 무의식을 확실하게 인식하며 이 능력을 끌어낼 비결을 익힌다면 누구라도 잠재능력을 끌어내 자신이 가진 최고의 능력을 발휘할 수 있습니다.

몇 번이고 말씀드렸다시피 무의식의 힘은 누구에게나 내재되어 있습니다. 모두가 무의식의 힘을 가지고 있기 때문에 그 힘을 잘 끌어내기만 한다면 누구라도 잠재능력을 펼칠 수 있는 가능성이 있습니다. 여기서 관건은 무의식의 힘을 끌어내는 비결을 알고 있느냐, 그렇지 않느냐 하는 것입니다.

무의식의 힘을 끌어내는 비결에 대해서는 다음 장에서 자세히 설명하도록 하겠습니다.

Don't be So Comscious

2장

의식하지 않는
사람이 건강하다

무의식이란 의식하지 않는 상태이며, 의식할 때 발생하는 스트레스를 느끼지 않는 상태를 말합니다. 의식하지 않아도 몸이 자유자재로 다양한 일들을 해주는 상태, 스트레스나 혼란을 느끼지 않고도 몸이 자연스레 평소대로 움직이는 상태야말로 최상의 무의식 형태입니다. 스트레스를 없애고, 건강을 유지 및 향상시키기 위해서라도 무의식은 꼭 활용할 필요가 있습니다.

의식하지 않기,
건강을 지키는 열쇠다

◇◇◇◇◇◇◇◇◇◇

무의식이야말로 사람의 건강을 지키는 최고의 열쇠입니다. 도대체 무의식이 건강 문제와 어떤 관계가 있다는 것인지 퍼뜩 와 닿지 않는 분들도 있겠지요?

무의식과 건강 문제를 잇는 키워드는 '스트레스'입니다. 1장에서도 말씀드렸듯이 많은 사람들이 다른 사람과 주변 상황을 괜히 의식하거나, 어찌 되든 상관없는 자그마한 것들에 신경을 쓰느라 자신의 능력을 제대로 발휘하지 못한 채 하루하루를 살아가고 있습니다.

'아, 저것도 해야지, 이것도 하지 않으면 안 돼, 몇 시까지 가야 해'

라며 매 순간 쫓기면서 누군가의 말과 행동에 일일이 반응하며 기분이 상하기도 하고, 좀처럼 잘되지 않는 일을 보며 안절부절 못하기도 하고, 약속 시간에 늦을 것 같아 초조해하기도 합니다. 그렇게 바로 눈앞의 일들에 발목이 잡혀 자신이 진짜 하고 싶은 일은 정작 소홀히 하며 번민하는 나날을 보내게 됩니다. 이러한 '의식에 사로잡힌 생활'이야말로 스트레스를 부르는 최대의 원인입니다.

의식에 사로잡힌 채 계속 생활해나가다 보면 스트레스가 하루하루 눈덩이처럼 커져버려 어느새 심신의 균형 상태는 깨지고, 몸이 망가지거나 마음의 병을 얻게 되기 쉽습니다. 하지만 무의식의 힘을 제대로 몸에 익힌다면 상황이 완전히 달라집니다.

무의식이란 의식하지 않아도 되는 상태이며, 의식할 때 발생하는 스트레스를 느끼지 않아도 되는 상태를 말합니다. 이제껏 다른 사람과의 다툼이나 일, 집안일 등을 의식하며 느꼈던 '스트레스를 더 이상 받지 않아도 되는 상태(무의식)'가 되었다고 상상해 보세요. 그렇게 된다면 주위의 모든 것들이 점점 스트레스를 받지 않는 쪽으로 향하게 되고 무언가 응어리가 맺혔던, 그동안 풀리지 않던 감정들이 하나하나 풀어지게 됩니다.

무의식의 힘을 몸에 익힌 사람은 자기 안의 능력을 끌어내 매일매일 일상 속 활동에서도 활용해갈 수 있겠지요. 일이 잘되어 가거나, 스포츠 기술이 향상되거나, 배우고 있는 것의 실력이 향상되거나, 매일의 생활이 즐겁다고 느끼는 등 다양한 분야에서 톱니바퀴가 서로 잘 맞물려가듯 자연스레 잘되어갑니다. 그리고 이처럼 주위의 여러 가지 일들이 스트레스 없이 자연스레 진행되어가면 건강의 톱니바퀴도 잘 굴러가기 시작합니다.

건강한 톱니바퀴가 부드럽게 굴러가면 신선한 혈류가 전신을 돌고 전신의 세포에 활기가 넘쳐 머리부터 발끝까지 각 장기가 제대로 그 역할을 하게 됩니다. 그렇게 되면 아마 건강 상태도 더욱 좋아지고, 몸의 움직임도 훨씬 부드러워져 나이보다 훨씬 젊어 보이는 효과까지 하나둘 나타날 것입니다. 결국 스트레스를 없애고, 자신의 건강을 유지 및 향상시키기 위해서라도 무의식을 꼭 활용할 필요가 있겠지요?

사소한 스트레스도
누적되면 위험하다

◇◇◇◇◇◇◇◇◇

우선 매일매일 받는 작은 스트레스가 심신의 컨디션에 어느 정도로 나쁜 영향을 미치는지에 대해 이야기해보겠습니다.

예를 들어 일을 마치고 집으로 돌아가 현관문을 열었는데, 방이 굉장히 어질러져 있다고 가정해봅시다. 그러한 때 어떤 생각이 들까요? 아마도 그 광경을 보는 순간 '아, 이걸 언제 다 치우지'라며 힘이 쭉 빠지고 마음이 가라앉으며 기분이 우울해지지 않을까요? 그러한 사소한 일에 스트레스를 받기 시작하는 순간부터 이미 몸의 균형은 흐트러지기 시작합니다. 그 이유는 스트레스에 의해 자율신경이 흐트러지기 때문입니다. 나중에 다시 자세히 설명드리겠지만, 자율신경의 균형은 정말 자그마한 스트레스에 의해서도 흐트러지게 됩니다.

일을 하거나 다른 누군가와의 커뮤니케이션 과정에서도 자율신경이 흐트러지는 것은 당연한 법. '방이 어질러져 있어 싫다' 정도의 스트레스는 누구나 하루에도 셀 수 없을 만큼 많이 경험하고 있겠지요.

예를 들어 지하철 안에서 누군가 어깨를 부딪혀놓고 사과도 없이 아무렇지 않다는 듯 휙 지나가버려 열받거나, 엄청나게 바쁜 시기에 옆자리의 동료가 휴가를 가서 그의 몫까지 일을 해야 하는 바람에 신경이 곤두서거나, 마트 계산대의 줄이 엄청나게 긴 상황에서 앞에 서 있는 사람이 지갑을 열고 동전을 주섬주섬 찾고 있어서 짜증나는 식의 스트레스에는 이미 익숙해진 사람도 많을지 모르겠습니다. 그렇게 별거 아닌 일을 의식해 스트레스를 받을 때마다 자율신경의 균형은 흐트러져버립니다. 그리고 이러한 스트레스가 매일 반복되면 자율신경의 불균형은 점점 더 커질 수밖에 없습니다.

자율신경의 균형이 크게 흔들리면 어떻게 되는지 아십니까? 처음에는 '어, 요즘 컨디션이 좀 안 좋은데?', '요즘 몸이 너무 찌뿌둥하네'라고 느끼는 정도일지도 모릅니다. 하지만 이는 자율신경의 균형이 깨져 몸에 이상이 생기기 시작했다는 증거입니다. 그렇게 나빠진 상태를 그대로 방치하면 머지않아 자율신경의 균형이 한 쪽으로 치우쳐져 온갖 질병에 걸리기 쉽습니다.

스트레스가 쌓이면 질병에 노출되기 쉽다

-

자율신경의 균형이 무너짐에 따라 몸 상태가 나빠지거나 병이 악화되는 예는 하나하나 꼽자면 끝이 없을 정도입니다. 피부가 푸석푸석해지거나 변비, 냉증, 두통, 어깨 결림, 요통 등의 부정수소 (스트레스 따위의 심신 장애로 어깨가 쑤시거나 마음이 불안해지는 등 원인이 확실치 않은 불쾌감을 호소하는 것)는 물론, 우울증이나 패닉 장애 등 마음의 병에 걸리기도 쉽습니다. 또한 당뇨병, 고혈압, 지질이상증, 동맥경화, 심장병, 뇌경색 등 생활습관병에 걸릴 위험도 커지며, 면역력이 떨어지기 때문에 감기나 인플루엔자 등의 감염증에도 걸리기 쉬워집니다. 그러면 암에 걸릴 확률도 증가하게 되겠지요.

작은 스트레스라고 해서 절대 방심하거나 방치해서는 안 됩니다. 자율신경을 흐트러뜨리지 않기 위해 매일 받기 쉬운 작은 스트레스에도 신경을 쓰지 않으면 안 됩니다.

우리는 매일 '아, 이것도 해야 돼', '저것도 해야 돼', 'OO씨가 기분 나빠하지 않도록 조심해야지', 'OO부장과의 관계를 회복해야 할 텐데', '몇 시까지 이 일을 끝내야 할 텐데'라는 의식에 사로잡힌 채 나도 모르게 조금씩 스트레스를 받고 있습니다. 이 때문에 몸의 상태가 나빠지는 것을 방지하기 위해서는 아침부터 밤까지 다른 사람을 너무 의식하거나 모든 일을 하나하나 의식하며 스트레스에 그대로 노출되지 않도록 생활을 다시 조정할 필요가 있습니다.

의식의 속박에서 벗어날 때
스트레스에서 벗어난다

∞∞∞∞∞∞∞

저는 자율신경의 메커니즘에 대해 오랫동안 연구를 해왔습니다. 의식과 무의식은 자율신경의 시스템과 아주 깊이 연관되어 있습니다. 이제부터 자율신경의 기본적인 메커니즘과 의식, 무의식의 연결고리를 간단히 설명해드리겠습니다.

자율신경은 '교감신경'과 '부교감신경'으로 나뉘어 있습니다.

먼저 교감신경은 자동차에 비유하자면 엑셀의 역할을 하고 있는 신경입니다. 일하면서 긴장을 느낄 때나 누군가와의 분쟁으로 인해 위협을 느낄 때 우리는 어떻게든 힘을 짜내 눈앞의 상황을 타개하려고 합니다. 교감신경은 그러한 때 엑셀을 밟아 몸과 마음을 전투 모드로 바꿉니다. 엑셀을 밟으면 심박 수나 혈압이 오르고, 호흡이 빨라져 혈관이 수축되고 몸과 마음이 공격적인 자세를 취하게 됩니다.

한편 부교감신경은 자동차에 비유하자면 브레이크의 역할을 하고 있는 신경입니다. 혼자서 쉬거나 자며 피로를 풀 때, 마음 맞는 사람과 담소를 나눌 때 우리는 어깨에 힘이 들어가지 않고 편안한 상태가 되죠. 그렇게 릴렉스 한 상태로 있을 수 있는 것은 부교감신경의 브레이크가 걸려 있기 때문입니다. 이 브레이크가 잘 들으면 심박 수나 혈압이 내려가고, 호흡을 천천히 내쉬게 되며, 혈관이 적당히 확장되어 몸과 마음이 보다 효율적으로 움직일 수 있는 상태로 변환됩니다.

이 두 가지 자율신경은 서로 다른 역할을 하면서 우리의 몸과 마음 상태를 통제하고 있습니다. 자동차의 엑셀과 브레이크를 잘 사용해야 비로소 운전을 잘할 수 있듯이 우리의 몸과 마음 또한 때로는 엑셀을 밟고, 때로는 브레이크를 걸어가며 균형 있게 조절해나갈 필요가 있습니다. 즉, 엑셀에 해당하는 교감신경과 브레이크에 해당하는 부교감신경을 적절히 활용해 자율신경의 균형을 갖추어가는 자세가 중요합니다.

현대인의 심신은 평소에도 브레이크 고장?

—

자율신경의 균형은 심신의 좋고 나쁨을 결정하는 중요한 시스템입니다. 만일 자율신경의 균형이 크게 흐트러지면 우리의 심신은 엑셀이나 브레이크가 고장 난 자동차처럼 통제 불능의 상태에 빠져버리고, 건강이 나빠지거나 병에 걸리는 등의 문제를 보이게 됩니다. 그런데 스트레스로 가득 찬 생활을 하고 있는 현대인들 중에는 자율신경의 균형이 크게 무너져버린 사람이 꽤 많습니다. 그중에서도 특히 눈에 띄는 것은 교감신경만을 우위에 두고 있어 부교감신경의 역할 능력이 떨어지는 패턴을 보이는 것입니다.

매일 일에 쫓기며 스트레스에 짓눌려 쉬는 시간도 없이 교감신경인 엑셀만 밟고 있으면 부교감신경의 브레이크 기능이 현저히 저하되어버립니다.

혹시 여러분도 이와 같은 패턴으로 자율신경의 균형이 무너져 있지는 않은지 한번 체크해봅시다.

• 항상 시간에 쫓기는 듯한 기분이 들고, 항상 무언가 해야 한다는 생각에 초조하다.
• 일이 항상 머릿속에서 떠나지 않는다.

- 하루 종일 안절부절못하고, 신경이 날카로워지는 때가 많다.
- 무언가를 집중해서 하려고 하면 이런저런 것들이 신경 쓰여 생각이 제대로 정리되지 않고, 집중하는 시간 또한 오래 지속되지 못한다.
- 참지 못하고 바로 욱하거나, 사소한 일에 지나치게 신경 쓰는 등 제대로 감정 통제가 안 될 때가 많다.
- 퇴근 후 집에 가서도 회사 일을 생각하느라 마음 편히 쉴 수가 없다.
- 밤에 좀처럼 잠들기가 쉽지 않고, 깊이 잘 수도 없다.
- 잠을 자도 피로가 풀리지 않고, 매일 몸이 무거운 느낌이다.
- 최근 웃은 적이 별로 없다.
- 원인을 알 수 없는 좋지 않은 증세가 자꾸 나타난다.

이와 같은 상황에 해당된다면 부교감신경의 움직임이 떨어졌다는 증거라고 할 수 있습니다.

하루 종일 안절부절못하고, 신경이 날카로워지는 등 교감신경만을 우위에 두고 있는 것은 스스로를 불태우며 쉼 없이 돌진을 반복하고 있는 것과 같습니다. 그러면 당연히 몸도, 마음도 기진맥진해집니다. 게다가 이러한 상태에서는 일을 마치고 집으로 돌아가서도 신경의 흥분이 가라앉지 못하고, 텔레비전을 보거나 식사를 할 때에도 편안히 있을 수 없고, 이불 속에 들어가도 좀처럼 잠들기가 힘들어집니다. 부교감신경의 움직임이 떨어져 있기 때문에 피로가 엄청 쌓여 피곤함을 느끼면서도, 쉬고 싶어도 쉴 수 없는 상태에 빠지게 되는 것입니다. 이러한 상태가 심신에 어느 정도로 손실을 끼치는지 상상이 되나요?

매일 교감신경의 엑셀만을 밟아 부교감신경의 브레이크가 작동하지 않게 되면 우리의 심신은 점점 궁지에 몰려 피폐해지고, 몸 여기저기에 나타나는 이상 증상으로 고통을 호소하게 됩니다. 그리고 이렇게 안 좋은 상태로 방치해두는 사이 다양한 병에 걸리게 되는 것입니다.

과도한 의식은 스트레스, 과로, 건강 악화를 야기한다

-

이제 자율신경의 균형이 얼마나 중요한지 이해가 되었을까요?

자, 그럼 두 가지 자율신경과 의식, 무의식은 어떻게 연결되어 있을까요? 아마 다음과 같은 구도가 성립되지 않을까 생각됩니다.

교감신경이 우위일 때: 의식에 사로잡혀 있을 때, 바로 눈앞의 일이나 시간, 다른 사람에 의해 스트레스를 받을 때

부교감신경이 우위일 때: 무의식 상태에 있을 때, 속박이나 스

트레스에서 벗어나 편안히 자신의 시간을 보내고 있을 때

매일 의식에 묶여 생활하면 자율신경이 교감신경 쪽으로 치우치게 됩니다. 회사 업무나 집안일, 다른 사람의 말이나 행동 등 눈앞의 일을 의식해 이에 휘둘리게 되는 때에는 교감신경(의식)인 엑셀을 부웅 하고 밟게 되는 것이지요. 이렇게 바쁜 날들을 보내다 보면 여유를 가지고 쉰다는 것은 불가능해지고, 부교감신경(무의식)이 거의 그 역할을 제대로 하지 못하는 상태가 되어버립니다. 즉, 평상시 스트레스에 짓눌려 시간에 쫓기듯 여유 없는 일상을 보내면 교감신경만이 열심히 일을 하게 되고, 부교감신경의 기능은 떨어지는 동시에 의식에만 휘둘려 무의식은 거의 사용을 안 하는 상태가 되어버립니다.

우리는 항상 부교감신경(무의식)의 움직임을 끌어올리려는 노력을 하지 않으면 안 됩니다. 바쁜 일상 속에서도 주변 상황에 의해 휘둘리지 않도록 브레이크를 걸고 잠시 멈춰서 부교감신경을 자극시킴으로써 무의식의 움직임을 활성화시키기 위해 노력해야 합니다.

이 책의 3장과 4장에서는 의식의 속박, 생각의 얽매임이나 스트레스에서 벗어나 마음 깊은 곳에서부터 편안해질 수 있는 방법을 소개하고 있습니다. 이 책을 읽는 여러분이 부디 심신의 건강

상태를 잘 정비하는 습관을 들여 부교감신경의 기능을 향상시켜 나가길 바랍니다. 그 습관은 심신을 더욱 건강하게 해주고 무의식의 힘을 크게 키워줄 것입니다.

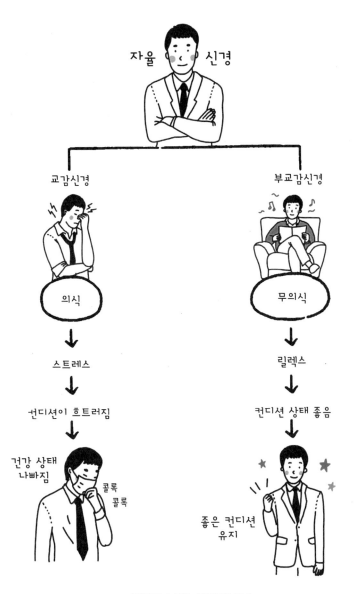

▶ 자율신경과 의식, 무의식의 관계

숨을 쉴 때에도
요령이 필요하다

◇◇◇◇◇◇◇◇◇◇

부교감신경을 끌어올리면서 자율신경의 균형을 맞출 수 있는 가장 빠르고 간단한 방법이 뭔지 알고 있습니까? 그 답은 천천히 호흡하는 것입니다. 호흡이야말로 자율신경을 통제할 수 있는 가장 간단하고 확실한 방법입니다. 호흡을 깊게 천천히 하면 부교감신경이 자극을 받아 자율신경이 균형을 되찾게 됩니다.

긴장하거나 혼란스러울 때 크게 심호흡을 하면 마음이 차분히 가라앉는 느낌이 들지요? 왜 마음이 차분해지는지 알고 있습니까? 그것은 심호흡에 의해 부교감신경이 자극을 받으면 혈관이 확장되어 혈류가 좋아지고, 그 혈류가 전신을 돌며 근육을 이완시켜 심신을 편안하게 해주기 때문입니다. 이러한 호흡과 자율신경의 메커니즘을 정리해보면 다음과 같습니다.

빠르고 얕은 호흡	천천히 들이쉬는 심호흡
• 교감신경을 자극해 심신을 긴장 모드로 만든다. • 산소의 공급이 줄어든다. • 혈관이 수축되고, 혈류가 원활하지 않게 된다. • 근육에 힘이 들어간다.	• 부교감신경을 자극해 심신을 릴렉스 모드로 만든다. • 산소의 공급이 많아진다. • 혈관이 확장되고, 혈류가 원활해진다. • 근육이 이완되어 편안해진다.
→ 바로 눈앞의 '의식'에 휘둘리기 쉽다.	→ 자신 안에 내재되어 있는 '무의식'의 힘'을 발휘하기 수월하다.

이처럼 호흡이 심신에 미치는 영향은 엄청납니다. 그리고 호흡은 의식, 무의식과도 깊게 연관되어 있습니다. 다시 말해 빠르고 얕은 호흡을 하고 있을 때에는 긴장 모드의 교감신경이 우위를 차지하며, 바로 눈앞의 의식에 사로잡혀 있을 때가 많습니다. 한편 천천히 심호흡을 하고 있을 때에는 릴렉스 모드의 부교감신경이 우위를 차지하며, 무의식의 힘을 발휘할 수 있게 됩니다.

의식의 틀에서 벗어나 자신 안의 무의식에 스포트라이트를 비추기 위해서는 평소에도 천천히 심호흡을 해야겠다는 마음가짐을 갖는 것이 중요합니다. 특히 마음이 혼란스럽고 초조하고 안절부절

못할 때, 자꾸 부정적인 생각에 빠져들 것 같은 때에는 의도적으로 천천히 심호흡을 하면서 심신을 릴렉스 모드, 무의식 모드로 변환시켜야 합니다. 그러면 분명 심신이 평정을 되찾게 되고, 흐트러지거나 주저하는 마음 없이 평소처럼 제 실력을 발휘할 수 있습니다. 천천히 심호흡하면서 심신이 의식에서 벗어나 무의식으로 옮겨가도록 노력해야 합니다. 그러한 심호흡을 통해 내 안의 무의식을 보다 쉽게 끌어낼 수 있는 방법을 터득하게 될 것입니다.

호흡이 무의식의 극치라고 말할 수 있는 이유
-

호흡은 날마다 의식하지 않아도 저절로 하게 되는 '인간의 가장 기본적인 무의식 활동' 중 하나입니다.

여러분은 어렸을 때 '잠들어 있는 사이 숨이 멎어버리면 어쩌지?'라며 불안해한 적 없었나요? 저는 있답니다. 잠자고 있는 순간에는 의식이 없는데도 어째서 심장은 뛰고 숨은 계속 쉴 수 있는 것일까, 저는 의아하게 생각했던 적이 있습니다. 알고 보니 그것은 자율신경의 움직임 때문이었습니다. 이제 자고 있어도 호흡을 계속하고 있는 것은 무의식의 활동 덕분이라고 생각하고 있습니다. 원래부터 호흡이라는 것은 최상의 무의식의 힘이거든요. 왜 그런지 한번 생각해봅시다.

호흡은 전혀 의식하지 않아도 규칙적으로 숨을 들이쉬고 내쉬며 자동적으로 일하고, 우리들이 살아가는 데 필요한 활동을 해주고 있습니다. 깨어 있을 때에도, 자고 있을 때에도 산소를 체내로 끊임없이 들어오게 하고, 체내의 여러 장기를 튼튼하게 유지시키고, 우리들의 몸을 자동적으로 올바른 방향으로 이끌고 가줍니다. 게다가 이 호흡이라는 무의식적 활동에는 전혀 스트레스가 뒤따르지 않습니다.

물론 감기나 알레르기로 코가 막히거나, 수면무호흡증 등의 병에 걸리거나 하면 이야기가 조금 달라지겠지만, 통상적인 호흡으로 인해 우리는 어떤 스트레스도, 혼란스러움도 느끼지 않습니다. 자연스럽게 반복되는 이런 작업이 매일 평소처럼 이루어지고 있습니다.

결국 이와 같이 '의식하지 않아도 몸이 자유자재로 다양한 일들을 해주고 있는 상태', '스트레스나 혼란을 느끼지 않고도 몸이 자연스레 평소대로 움직이는 상태'야말로 최상의 무의식 형태인 것입니다. 그러하기에 건강 면에서도, 일이나 스포츠와 관련해서도, 자신의 꿈을 실현시키기 위해서도 심신에 스트레스를 주지 않으면서 컨디션 조절을 잘하기 위해서는 '최상의 무의식=호흡'을 가다듬는 것이 가장 중요한 열쇠가 된다고 할 수 있습니다.

이 최상의 힘을 확실히 내 것으로 만든다면, 무엇을 하든 '호흡을 하듯' 한다면 스트레스 없이 자연스럽게 몸과 마음을 움직이는 것이 가능해지지 않을까요?

호흡의 질과 실력 발휘는 표리일체
–

운동선수가 결정적인 순간에 호흡하듯 자연스럽게 몸을 움직일 수 있는 것도 꼭 꿈만 같은 일은 아닙니다. 예를 들어 야구의 경우 어려운 땅볼도 숨 쉬듯 자연스럽게 다루어 아웃시키는 유격수, 축구로 치면 호흡의 흐트러짐 없이 어떤 슛이든 막아내는 골키퍼. 운동선수에게 있어서 이렇게 어려운 플레이도 호흡하듯 자연스럽게 해나갈 수 있다면 이상적이겠지요.

음악가라면 호흡하듯이 부드럽고 편안하게 연주할 수 있게 되고, 화가나 서예가라면 호흡하는 것처럼 스트레스 없이 붓을 다룰 수 있겠지요. 또한 우리들이 매일 하고 있는 회사 업무나 집안일도 호흡하듯 스트레스 없이 처리해간다면 실력이 훨씬 향상될 것입니다.

그러고 보니 외과의사의 경우도 수술 중 신참 의사들은 긴장한 탓에 숨을 자꾸 멈춘 나머지 손끝까지 굳어버리는 경우가 있는 반면, 뛰어난 전문의는 천천히 심호흡을 하면서 일사분란하게, 물 흐르듯 자연스럽게 수술을 합니다.

어떠한 상황에서도 스트레스를 안 느끼고 의식하지 않으면서 '호흡하듯' 자연스럽게 그 상황을 헤쳐 나갈 수 있다는 것은 그만큼 그 분야에 뛰어나다는 뜻이 되겠지요. 스트레스나 부담감에 짓눌리지 않고, 물 흐르듯 자연스럽게 실력을 발휘하기 위해서는 '여유 있는 심호흡'을 몸에 익히는 것이 무엇보다 중요합니다.

평소에는 물론, 긴급 상황이나 위기 상황에서도 이러한 호흡을 무의식적으로 하게 된다면 어떠한 상황에서도 흔들리거나 초조해하는 일 없이 담대하게 행동할 수 있지 않을까요? 몸과 마음은 사소한 것으로 인해 움직일 수 없게 되기도 하잖아요.

의식에 얽매이면
혈류가 악화된다

◇◇◇◇◇◇◇◇◇◇

언제 어디서든 천천히 여유 있게 하는 심호흡을 무의식적으로 할 수 있게 되면 몸과 마음의 건강 상태도 더욱 향상됩니다. 잘 알려져 있지 않지만 우리의 건강 상태는 호흡 방법이 좋은지, 나쁜지에 따라 상당히 큰 차이가 생깁니다. 왜냐하면 호흡 방법의 좋고 나쁨이 혈류 상태를 결정하기 때문입니다.

호흡과 혈류에 대해 잠시 설명을 해보겠습니다.

제 연구실에는 '도플러'라고 하는, 말초 혈류량을 측정하는 기계가 있습니다. 이 기계를 통해 호흡을 멈춘 순간에 몸의 말초 혈류가 확 나빠지는 모습을 확인할 수 있습니다. 느긋하게 심호흡을 하게 되면 말초 혈류가 순식간에 회복되고, 다시 숨을 멈추면 혈기를 확 끌어당기는 것처럼 나빠집니다. 물론 호흡이 혈류와 관련 있다는 사실은 이전부터 알고 있었지만 너무도 순간적으로, 그러면서 극적으로 변화하는 모습을 처음 봤을 때 저는 너무도 깜짝 놀랐습니다. 이렇듯 호흡은 정말 한순간에 몸의 건강 상태를 일변시켜버릴 정도로 큰 영향력을 가지고 있습니다.

혈류의 악화는 모든 병의 근원이다

-

이번에는 혈류에 대해 자세히 이야기를 해보겠습니다. 앞에서 설명했듯이 혈류의 악화는 만병의 근원입니다. 사람들이 걱정하는 몸의 불균형이나 질병은 대부분 혈류가 나빠졌을 때 발생한다고 해도 과언이 아닙니다.

한번 생각해보세요. 혈류가 나빠지면 몸속 곳곳에 혈액이 덜 미치게 될 것이고, 세포가 산소나 영양의 공급을 충분히 받을 수 없게 될 것입니다. 그렇게 되면 당연히 전신 곳곳의 기관에서 세포의 활동이 저하되고, 그 기관의 활동 또한 균형이 깨지게 됩니다.

예를 들어 위장의 혈류가 나쁘면 위 점막이나 위 점막 세포의 활동 능력이 떨어져 위장 트러블을 일으키기 쉽고, 피부 세포의 혈류가 나쁘면 얼굴색이 안 좋아지거나 피부가 거칠어지기 쉽습니다. 마찬가지로 간장, 폐, 신장, 췌장, 자궁까지도 혈류가 나빠지면 그 기능이 떨어져 병이나 트러블이 생기게 됩니다. 또 혈류가 나빠지면 뇌나 심장 등의 가느다란 혈관에 혈전이라는 핏덩이가 생기면서 동맥경화, 뇌경색, 심근경색 등 생명과 관련된 무서운 병에도 걸리기 쉬워집니다.

어찌 되었든 혈류의 악화는 우리가 흔히 생각하는 것보다 훨씬 강도 높은 심각한 악영향을 초래한다고 생각하면 됩니다. 그리고 혈류의 악화로 이러한 질병이나 몸의 불균형이 발생하는 근본적인 원인에는 호흡의 문제가 있고, 자율신경의 문제가 있으며, 스트레스가 쌓이기 쉬운 일상생활의 문제가 있습니다. 또한 더 깊숙이 그 근원의 뿌리를 파고들어가 보면 '매일 의식에 사로잡혀 무의식을 가벼이 여기는 생활'이 이렇게 수없이 많은 문제를 초래하고 있다는 것을 알 수 있습니다.

이를 간단히 정리해보면 다음과 같습니다.

의식에 사로잡힌다. → 스트레스가 쌓인다. → 호흡이 얕아진다. → 자율신경의 균형이 흐트러진다. → 혈류가 악화된다. → 세포에 산소나 영양이 미치지 못하게 된다. → 몸속 각 기관의 기능이 균형을 잃는다.

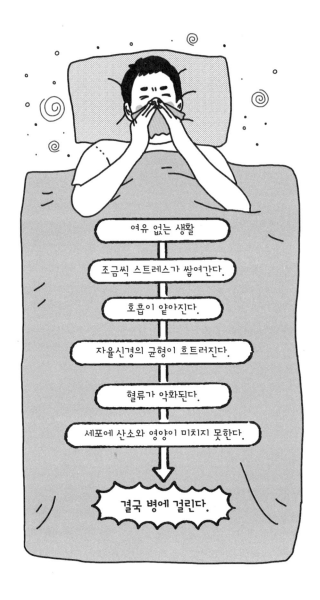

여유 없는 생활

조금씩 스트레스가 쌓여간다.

호흡이 얕아진다.

자율신경의 균형이 흐트러진다.

혈류가 악화된다.

세포에 산소와 영양이 미치지 못한다.

결국 병에 걸린다.

▶ 의식이 건강을 좀먹는다.

이런 식으로 혈류의 상태가 점점 안 좋아지다 보면 심신에 다양한 질병이나 여러 가지 문제가 덮치게 됩니다. 그러므로 건강을 잘 지키기 위해서는 이러한 '좋지 않은 흐름'을 스스로 차단하지 않으면 안 됩니다. 그렇다면 무엇을 해야 좋을지 이제 아시겠지요?

맞습니다. 호흡을 바르게 하고, 자율신경의 균형을 정비해 매일매일 생활 속에서 자신 안에 있는 무의식에 빛을 비춰가는 자세가 필요합니다.

항상 생각에 얽매여 있고 스트레스에만 짓눌려 있으면 이 무의식을 제대로 써보지 못할 뿐 아니라 빤히 알고 있으면서도 자신의 건강을 해칠 수 있습니다. 이제부터라도 무의식의 힘을 키워 건강을 잘 지켜나가도록 합시다.

스트레스 받지 않고
건강하게 살아가는 비결

◇◇◇◇◇◇◇◇◇◇◇

정신없이 하루하루를 보내다 보면 무의식의 존재를 깨닫지 못할 때가 많습니다. 아마 '아침부터 밤까지 눈앞에 있는 일들에 쫓기다 보면 어느새 하루가 끝이 난다', '바쁘기도 하고, 시간도 없어서 잠시도 무의식 따위에 대해 생각할 여유가 없다'라고 생각하는 분들도 많이 계시겠지요?

여러분 중에는 눈앞의 일들에 허덕이며 바쁘게 보내는 일상이 어느새 당연시되어, 하루하루를 그렇게 흘려보내는 분들도 많으리라고 생각됩니다. 하지만 절대 시간을 그렇게 흘러가게 내버려두어서는 안 됩니다. 앞에서도 말씀드렸듯이 이러한 일상이 당연시되면 몸과 마음의 컨디션이 '나쁜 흐름'에 빠져버릴 수 있기 때문입니다.

매일 바쁘게 열심히 일하며 시간을 흘려보내는 사이 스트레스가 쌓이고 자율신경의 균형이 깨지면서 몸과 마음이 점점 피폐해지게 됩니다. 그리고 그것을 깨달았을 때에는 이미 손을 쓸 수 없는 지경이 되어 있기 쉽습니다.

몸의 불균형이나 트러블의 '싹'이라고 하는 것은 이런 식으로 매일 여유 없이 흘러가는 사이 점점 크게 자라버립니다. 눈앞의 일에 얽매이거나 스트레스에만 사로잡힌 채 의식 쪽으로 기울어가며 우왕좌왕하는 사이 '나쁜 싹'은 자라나, 그것을 깨닫게 된 순간에는 가지나 잎사귀가 옆으로 뻗어나가 손을 쓸 수 없을 정도로 커져버리기 때문입니다. 그런 일이 생기기 전에 매일매일 일의 흐름에 모든 것을 맡겨두지 말고, 때때로 잠깐씩 멈춰 서서 자신이 어떤 상황에 놓여 있는지를 확인해야 합니다. 다시 말해 의식에 휘둘리지 말고, 일상의 흐름 속에서 한 번쯤 멈춰 서서 자기 안에 있는 무의식을 점검하며 활용해보는 방법을 찾아야 하는 것입니다.

그렇게 내 안의 무의식과 마주하며 제대로 빛을 비춰가면 어느 쪽을 향하든 스트레스를 받기 쉬운 이 사회의 소용돌이 속에서도 의식에 휘둘리지 않고, 일상의 흐름에 그냥 맡겨버리는 일 없이 심신의 건강을 확실히 지켜갈 수 있지 않을까요?

오래도록 건강하게 살기 위해서, 그리고 앞으로의 인생을 멋지게 살아가기 위해서 꼭 무의식의 중요성을 마음에 새겨두시기 바랍니다.

Don't be So Comscious

3장

내 안의 숨은 가능성을
깨워줄 4가지 기술

무의식의 힘을 끌어내는 기술에는 멍하니 나 자신과 마주하는 시간 갖기, '천 번 노크' 방식으로 오로지 단련에 집중하기, '형태'에서 시작해 '무의식적으로 하게 될 때'까지 계속 반복하기, 사소한 것도 철저하게 자동화시키기 등 4가지가 있습니다. 무의식의 힘을 끌어내는 4가지 기술을 마스터하고, 무의식의 힘을 익히기 위한 3단계 훈련법을 실천해간다면 분명 내 안의 숨은 가능성을 깨울 수 있을 것입니다.

무의식의 힘을
끌어내는 4가지 기술

◇◇◇◇◇◇◇◇◇◇

3장에서는 도대체 어떻게 하면 무의식의 힘을 끌어낼 수 있는지, 어떻게 하면 내 안에 잠들어 있는 무의식의 힘을 각성시킬 수 있는지에 대해 구체적으로 말씀드리도록 하겠습니다.

 사실 무의식의 힘을 끌어내는 깃에 정해진 규칙이 있는 것은 아닙니다. 별도의 명문화된 교재나 규칙이 있는 것은 더더욱 아닙니다. 하지만 뛰어난 운동선수를 비롯해 제가 이제까지 컨디셔닝 해왔던 분들을 보면 제각각 자기 나름의 다양한 방법으로 무의식을 끌어올리고 있었습니다. 무의식이나 잠재능력의 중요성을 알게 된다면 내 안에 잠들어 있는 힘을 끌어낼 방법은 수도 없이 많습니다.

이제까지 제가 수많은 사람들의 컨디셔닝을 하면서 오랜 시간 연구해본 결과, 무의식의 힘을 각성시키거나 끌어내는 기술에는 크게 네 가지 패턴이 있다는 사실을 알게 되었습니다.

첫째, 멍하니 나 자신과 마주하는 시간 갖기. 무의식의 힘을 끌어내려면 매일의 복잡한 일상에서 벗어나 천천히 자신의 상황을 돌아보는 시간을 갖는 것이 중요합니다. 무의식을 자각시키려면 멍하니 '무(無)'가 되는 시간을 반드시 가져야 합니다.

둘째, '천 번 노크' 방식으로 오로지 단련에 집중하기. 천 번 노크를 하듯 끊임없이 연습을 하면 의식하지 않아도 마음대로 움직일 수 있게 됩니다. 운동선수들은 대부분 이 방식으로 자기 안의 잠재능력을 깨우려 하고 있습니다.

셋째, '형태'에서 시작해 '무의식적으로 하게 될 때'까지 계속 반복하기. 어떤 것이든 형태를 눈으로 보면서 몸으로 따라 해가며 터득하는 것이 중요합니다. 처음에는 낯설어도 자꾸 보며 연습해가는 사이 그 형태는 어느새 나의 몸에 배게 되지요. 골프에서의 스윙 방법도, 망치를 사용하는 방법도 이상적인 형태를 머리에 그리고, 오로지 반복을 해가며 단련하면 처음에는 어색

해도 점차 실력이 향상되면서 나중에는 무의식적으로 몸이 움직이게 됩니다.

넷째, 사소한 것까지 철저하게 자동화시키기. 일일이 의식하지 않아도 몸과 마음이 자유롭게 움직이는 상태로 만들려면 일상의 사소한 일들도 '무의식적으로 할 수 있도록' 자동화시키는 것이 중요합니다. 그렇게 '무의식적으로 할 수 있는 일'을 얼마나 많이 만들어놓느냐가 무의식의 힘을 끌어내는 열쇠가 됩니다.

어떻습니까? 우리들 각자의 안에 잠들어 있는 무의식의 힘을 각성시키려면 먼저 이러한 기술의 특징이나 효능에 대해 잘 알아야겠지요. 그래야 매일 실천해나갈 필요성을 느끼게 될 테니까요. 이 네 가지 기본 기술을 몸에 익힌다면 여러분도 충분히 무의식의 힘을 활용할 수 있습니다.

자, 그럼 이제부터 이 네 가지 기술에 대해 각각 자세히 들여다보겠습니다.

멍하니 나 자신과
마주하는 시간 갖기

◇◇◇◇◇◇◇◇◇◇

멍하니 보내는 시간을 헛된 낭비라는 생각하는 사람도 분명 있을 겁니다. 요즘 말로 멍때리고 있으면 직장에서는 땡땡이 치고 있는 것처럼 보이는 탓인지 '좋지 않은 이미지'를 떠올리기 쉽습니다. '멍하니 시간을 보내고 있는 사람은 곧 일을 잘 못하는 사람'처럼 생각되기도 하지요. 하지만 실은 절대 그렇지 않습니다.

아무것도 생각하지 않고 멍하니 보내는 시간은 자신 안의 무의식에 조명을 비춰주는 중요한 시간입니다. 무의식을 자각하기 위해 반드시 필요한 과정이라고도 할 수 있습니다. 그뿐만이 아니라 멍하니 여러 가지 일을 이미지화하거나 생각하는 습관은 뇌의 기능을 더욱 건강하게 유지시키는 데에도 유용합니다.

우리의 뇌에는 멍하니 있을 때 활발해지는 '디폴트 모드 네트워크'라고 하는 시스템이 있는데, 이 네트워크 시스템이 굉장히 중요한 역할을 수행하고 있습니다. 이 시스템에 대해 잠시 설명을 하자면, 디폴트 모드 네트워크란 아무것도 하지 않고 멍하니 있을 때 활동이 많아지고 일이나 작업, 대화, 읽고 쓰는 등의 의식적인 활동을 하고 있을 때에는 활동이 저하되는 뇌 속 네트워크를 말합니다.

좀 더 알기 쉽게 설명하자면, 컴퓨터의 대기 모드를 떠올려보세요. 컴퓨터에는 일정 시간 조작하지 않으면 자동적으로 대기 모드로 변환되는 기능이 탑재되어 있지요? 그것과 마찬가지로 우리의 뇌에도 의식적인 일이나 작업을 하지 않을 때에는 자동적으로 '멍하니 있는 모드'로 바뀌는 기능이 있는 것입니다. 또한 이 멍하니 있는 모드(대기 모드)로 바뀌었을 때 뇌 속의 다양한 영역에서 그 활동이 활발해진다고 알려져 있습니다.

예를 들어 현재 자신이 놓여 있는 상황을 되돌아보거나, 앞으로 자신에게 일어날 법한 일들을 시뮬레이션 해보거나, 과거에 일어났던 일을 반성하거나, 기억을 정리 및 통합하며 번뜩이는 재치나 아이디어를 구상할 때 멍하니 다양한 이미지나 생각을 이리저리 떠올려보며 다음에 할 행동에 미리 대비해두는 것입니다.

최근 한 연구에 의하면 일상 속에서 '멍하니 있으며 사전 준비'를 하는 작업이 꽤 중요한 역할을 한다고 합니다. 미국 워싱턴 대학교의 레이클 교수가 실시한 연구에서, 디폴트 모드 네트워크를 가동시키기 위해 뇌 속에서 소비되는 에너지의 양은 의식적인 작업을 하고 있을 때의 15배가 넘는다는 사실이 밝혀졌습니다. 그렇게 많은 에너지를 쓸 정도로 뇌에 있어서 '멍하니 있을 때의 사전 준비' 작업이 중요하다는 이야기겠지요?

그것뿐만이 아니라 이 '멍때리는 네트워크'의 기능은 뇌의 건강 유지에도 큰 영향을 주어 디폴트 모드 네트워크의 활동을 저하시켜버리면 우울증이나 치매 발병 등의 위험이 높아질 가능성도 지적되고 있습니다. 그러므로 우리는 매일 생활 속에서 멍하니 보내는 시간을 적극적으로 가지며 디폴트 모드 네트워크를 확실히 가동시키도록 노력해야 합니다.

멍때리는 시간은 무의식으로 들어가는 '창구'

-

현대를 살아가는 우리는 멍하니 있는 시간을 가질 기회를 급속하게 잃어가고 있습니다. 그 원인은 예상했겠지만 바로 '스마트폰의 보급' 때문입니다.

예전에는 지하철 안에서나 카페, 공원의 벤치 등에서 딱히 무언가를 하지 않고 먼 산을 바라보거나 멍하니 있는 사람들이 많았습니다. 하지만 근래에는 그런 모습을 찾아보기가 쉽지 않지요? 지하철 안에서도, 카페에서도, 공원에서도 너 나 할 것 없이 모두가 스마트폰을 뚫어져라 쳐다보고 있으니까요. 아마 이 글을 읽는 여러분도 잠깐씩 스마트폰을 꺼내 문자나 전화, 메일 등을 확인하지 않을까요?

결국 우리는 생활하면서 시간적 여유가 생길 때마다 거의 대부분을 스마트폰에 점령당하고 있는 것입니다. 그러면서 멍하니 있을 수 있는 기회가 줄어들어버리고, 그 이유로 디폴트 모드 네트워크의 기능이 떨어져가는 것입니다. 이러한 상황은 '무의식의 위기'라고도 생각할 수 있습니다. 왜냐하면 디폴트 모드 네트워크의 멍때리는 시간이 사라진다는 것은 자신 안의 무의식을 비춰줄 시간을 잃는 것과 마찬가지이기 때문입니다.

멍하니 있는 시간은 무의식으로 들어가는 '창구'와 같습니다. 예를 들어 아무것도 하지 않으며 멍하니 있을 때에는 다음과 같이 여러 가지 생각을 하게 됩니다.

'난 이대로 괜찮은 걸까?'

'이대로 지금 하고 있는 일을 계속해야 할까?'

'미래를 위해 내가 지금 해야 할 일은 무엇일까?'

이것은 디폴트 모드 네트워크로 들어간 것을 계기로 자신 안의 무의식이나 잠재의식의 영역에 빛을 비추며 묻는 것과 같습니다.

내 안의 무의식의 힘을 일깨우기 위해서는 '멍하니 자기 자신을 바라보는 시간'이 반드시 필요합니다. 일이나 시간에 쫓겨 매일 바쁜 일상을 보내다 보면 언제나 눈앞의 일들에만 신경을 쓰게 되어 멍하니 있을 여유가 없는 채로 하루가 끝나버리기 쉽습니다. 또 그렇게 바쁘게 일을 하는 중간에 잠시나마 여유가 생긴다고 해도 멍하니 있기보다 스마트폰을 꺼내 들어 메일이나 정보를 확인하는 경우가 많습니다. 그렇게 요즘 우리는 멍하니 보낼 수 있는 시간을 잃어가고 있습니다.

계속 그렇게 바쁘다는 핑계로, 스마트폰을 본다는 핑계로 멍하니 있는 시간을 갖지 못하다 보면 '무의식을 향한 창문'은 열리지 못하고 닫힌 채로 있게 됩니다. 일부러라도 일상 속에서 가능한 멍하니 있을 수 있는 시간을 마련하도록 노력하고, 무의식을 향한 창문을 열어 무의식에 도달할 수 있는 기회를 만들어야 합니다.

한편 멍때리는 시간이 중요하다고 하는데, 도대체 어떻게 멍하니

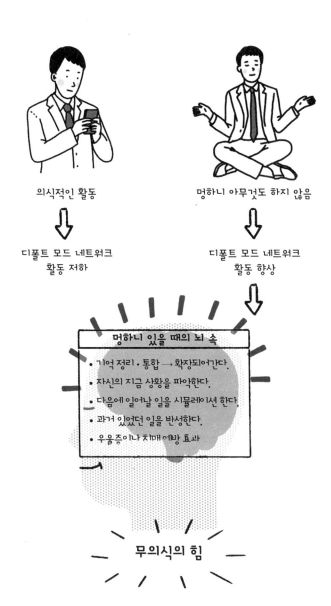

의식적인 활동

멍하니 아무것도 하지 않음

⬇

⬇

디폴트 모드 네트워크
활동 저하

디폴트 모드 네트워크
활동 향상

⬇

멍하니 있을 때의 뇌 속

- 기억 정리 · 통합 → 확장되어간다.
- 자신의 지금 상황을 파악한다.
- 다음에 일어날 일을 시뮬레이션 한다.
- 과거 있었던 일을 반성한다.
- 우울증이나 치매 예방 효과

무의식의 힘

▶ 멍때리는 시간은 뇌를 정리하는 시간!

있으면 되는지 잘 모르겠다고 생각하는 사람도 있을 듯합니다.

그런 분들을 위해서 4장에서는 의식하지 않는 기술을 익힐 수 있는 '멍하니 있기 위한 방법' 몇 가지를 소개하겠습니다.

어쨌든 이 부분에서는, 무의식의 힘을 끌어내기 위해서는 평소에 멍하니 있는 시간을 갖는 것이 무엇보다 중요하다는 것을 확실히 머릿속에 새겨주세요.

'천 번 노크' 방식으로
끊임없이 단련하기

◇◇◇◇◇◇◇◇◇◇

그러면 두 번째 기술로 넘어가보겠습니다.

'천 번 노크'가 무엇인지 알고 있습니까? 혹시 모르는 분들을 위해 간단히 설명을 하자면, 천 번 노크는 야구의 수비 연습 방법 중 하나로, 감독이나 코치가 토스해주는 공을 쳐서 다른 선수에게 패스하고, 재빠르게 홈 베이스로 되돌리는 것으로 수비력을 단련시키는 방법입니다.

현실적으로 천 번이나 연습을 한다는 것은 불가능합니다. 천 번 노크에서 '천 번'이라는 것은 어디까지나 연습을 수없이 한다는 것을 비유한 표현이라고 할 수 있습니다. 단, 50번이나 100번 정도의 노크 연습은 프로야구는 물론, 아마추어 야구에서도 연습 때 활용하고 있습니다. 중학교 때 야구부 활동을 할 당시 저 역시 몸이 녹초가 되어 움직여지지 않을 정도로 타구 연습을 한 적이 있습니다.

그렇다면 천 번 노크가 무의식과 어떤 관련이 있을까요?

천 번 노크를 할 만큼 끊임없이 연습을 하다 보면 언젠가 의식하지 않아도 저절로 몸이 움직이게 되고, 무의식적으로 공을 잡을 수 있게 됩니다.

제 경험을 바탕으로 말씀드리자면, 노커(내야수와 외야수에게 수비를 연습시키기 위해 공을 쳐주는 지도자)가 던지는 직구나 땅볼을 수십 번 계속 받게 되면 점점 머리로 생각하기 전에 몸이 먼저 나가게 됩니다.

예를 들어 땅볼의 경우 허리를 곧게 편 채로 공을 잡으려고 할 때 공이 정면으로 오지 않으면 터널(잡지 못한 타구가 가랑이 사이로 빠져나가는 것)이 되거나 글러브에서 튕겨져 나가 실점으로 이어질 확률이 높아집니다. 하지만 몇 번이고 반복해서 노크 연습을 하게 되면 몸은 진흙투성이가 될지언정 시도와 실수를 반복해가면서 몸이 자연적으로 공을 잡기 쉬운 상태를 취하게 되어, 허리를 낮춰 타구를 정면으로 돌려 공을 잡는 자세가 몸에 배게 됩니다.

결국 연습을 반복해가는 사이 공을 잡기 쉬운 동작을 몸이 기억해서 타구가 날아오면 몸이 바로 반응해 공을 잡을 수 있게 됩니다. 일일이 의식하지 않아도 저절로 몸을 움직여 무의식 상태에서 최상의 실력 발휘를 하는 것이 가능해지기 때문입니다. 이것은 소위 신체 단련을 창구로 해서 무의식의 문이 열리고 무의식의 힘이 끌려나온 것이라고 할 수 있습니다.

이와 같이 무의식의 힘을 끌어내는 창구는 우리의 '몸'에도 있습니다. 그리고 천 번 노크 방식은 '무의식 상태에 도달해 온몸의 힘을 끌어내고 싶다'고 생각하는 경우에 취하면 좋을 '왕도(王道)'라고 할 수 있습니다.

연습은 절대 배반하지 않는다

—

운동선수가 '내 안의 미지의 힘을 더욱 끌어내고 싶다'는 생각을 갖고 있다면 두말할 필요 없이 가장 먼저 천 번 노크 방식을 선택하면 좋겠지요.

대부분의 운동선수들은 어렸을 때부터 트레이닝을 반복해가며 연습이야말로 실력을 발휘할 수 있는 유일한 길, 단련이야말로 실력을 닦을 수 있는 가장 확실한 방법이라는 생각을 갖게 됩니다. '이렇게 노력을 반복하다 보면 반드시 내 실력이 향상될 것이다'

라는 확신이 있기 때문에 연습을 거부하거나 피하지 않고, 힘이 들어도 트레이닝을 끊임없이 반복하는 것입니다.

예를 들어 빅 리그Big League에서 활약하는 이치로 선수는 다음과 같은 명언을 남겼습니다.

"노력 없이도 무언가를 할 수 있는 사람을 '천재'라고 한다면 저는 아닙니다. 노력을 한 결과 무언가를 할 수 있게 된 사람을 '천재'라고 한다면 그게 저라고 생각합니다. 사람들이 제가 노력도 하지 않고 안타를 친다고 생각한다면 그것은 틀렸습니다."

결국 이치로 선수가 경이로운 기록을 세울 수 있었던 것도 하나하나 천 번 노크 방식으로 노력을 쌓아가며 한 단계, 한 단계 올라가기 위해 연습한 끝에 자신 안의 미지의 힘을 끌어낸 결과인 것입니다.

특히 이치로 선수는 항상 자신에게서 자그마한 개선점이나 수정할 점을 찾아내 그것을 극복하기 위해 트레이닝을 이어갔습니다. 어쩌면 그는 항상 '자기 안의 잠재적인 힘을 끌어내는 창구'를 확실히 깨달아 자신의 또 다른 가능성을 추구하며 매일 꾸준히 연습을 반복해온 것이 아닐까요?

앞에서도 말씀드렸듯이 운동선수들의 이상은 '의식하지 않아도 몸이 자동적으로 움직여 좋은 결과를 낼 수 있는 경지'에 도달하는 것입니다. 그리고 천 번 노크 방식으로 끊임없이 몸을 단련해가는 것은 그 이상의 경지에 가까워질 수 있는 가장 빠른 지름길입니다.

지름길로 간다고 해도 말도 못하게 힘든 시련을 견뎌야 하는데, 그것이 그렇게 간단하게 극복할 수 있는 것이 아닙니다. 하지만 야구 선수들도, 축구 선수들도, 탁구 선수들도, 골프 선수들도, 피겨스케이트 선수들도 마찬가지로 모든 운동선수들은 그 힘든 길에 도전하며 자신의 한계를 극복해가려 합니다.

왜 그럴까요? 그 힘든 고비를 넘어서면 또 다른 새로운 무대로 나아갈 수 있다는 것을 알고 있기 때문입니다. 그래서 많은 운동선수들이 끊임없이 훈련하고 신체를 단련하면서 무의식적으로 움직이는 경지에 이르러 자기 안의 알 수 없는 힘을 끌어내려고 하는 것입니다.

몸이 기억해 저절로 하는 것이 중요하다

-

그렇다면 천 번 노크 방식을 통해 몸이 자연스럽게 움직이도록 해 잠재적인 힘을 끌어내는 사람은 단지 운동선수뿐일까요?

▶ 무의식적으로 행동하도록 몸에 익히자!

경영인은 물론, 다양한 분야와 업종에서 자신의 힘을 보다 더 향상시키기 위해 천 번 노크 방식을 응용하고 있는 사람들이 많이 있습니다.

예를 들어 외과의사의 경우 자르고 봉합하고 다시 붙이는 등의 '섬세한 손기술'이 필요하기 때문에 인턴이나 연수 중에는 마네킹이나 샘플 등으로 수없이 연습을 합니다. 실제 수술에서 실수 없이 잘할 수 있도록 매일 끊임없이 손가락의 움직임을 섬세하고 신속하게 단련시키는 것이지요.

저 또한 인턴 시절 도망가고 싶을 만큼 엄청나게 연습을 했던 기억이 납니다. 그런데 참 이상하게도 연습에 연습을 거듭해가며 손가락 끝이 섬세한 움직임에 익숙해질 정도가 되니까 예전에 손가락 끝에서 느껴졌던 망설임이나 흐트러짐이 사라지고, 거침없이 슥슥 자르고 자연스럽게 봉합을 할 수 있게 되었습니다. 이것도 어떤 의미에서는 제 안에 있던 미지의 힘이 나오게 된 것이지요. 아마도 그때 철저하게 손가락 끝의 기술을 제 몸이 기억하도록 주입시켰기 때문에 지금의 제가 외과의사로서 일할 수 있는 것이 아닌가 생각됩니다.

경영인의 경우에도 마찬가지로 연수 시절이나 처음 시작하는 단계에는 기초 기술을 철저히 익히는 데 주력합니다.

예를 들어 상대를 만났을 때 인사하는 법이나 명함을 전달하는 방법 등을 하나씩 고쳐나가거나, 영업에 관련된 것들을 기초부터 배워가고, 적절한 단어 및 말투 사용 방법 등 상대와 주고받는 기본적인 것 등도 익혀갑니다. 이처럼 일의 기본적인 것들을 모두 하나하나 의식하지 않아도 무의식적으로 할 수 있도록 천 번 노크 방식으로 내 몸이 기억하게 해야 합니다. 만약 그러한 것들이 몸에 배어 있지 않으면 '상식 이하의 사람'으로 찍히게 되겠지요.

일의 기초 단계를 익힐 때 천 번 노크 방식으로 몸에 기본을 철저하게 익혀두는 것은 어느 업계에서든 공통된 사항이 아닐까 생각합니다.

이삿짐 전문 업체라면 짐을 들거나 메는 방법을 확실하게 기억해둘 필요가 있습니다. 봉제업자라면 깔끔하게 바느질하는 법을 익히고, 도자기를 빚는 사람이라면 흙을 빚는 법이나 녹로 돌리는 방법을 몸에 익힙니다. 요리사라면 채소나 과일 껍질을 깨끗하게 깎는 방법을 몸에 익힙니다. 이런 식으로 모두 끊임없이 착실하게 단련을 거듭해가며 몸에 익히고, 의식하지 않아도 몸이 저절로 움직이게 된 다음에야 비로소 자신 안에 내재되어 있는 힘을 자각할 수 있게 됩니다.

그렇다면 천 번 노크 방식으로 단련을 해나가는 것은 자신의 기술을 향상시키거나, 자신의 실력을 향상시키기 위해서는 피할 수 없는 길이 아닐까요? 달리 말하면 어떤 일이든 망설임 없이 무의식적으로 몸이 움직이게 될 때까지는 혹독한 시련이나 단련을 극복하지 않으면 안 된다는 말이겠지요.

무의식적으로 하게 될 때까지 반복하기

◇◇◇◇◇◇◇◇◇◇

세 번째 기술은 두 번째 기술 '천 번 노크'와 약간 중복되는 부분도 있지만, 정말 중요한 기술이기 때문에 하나의 방법으로 다시 설명하고자 합니다.

인간의 뇌와 몸은 사물을 익힐 수 있도록 만들어져 있습니다. 어떤 일이나 동작, 공부 등을 반복해서 연습해가다 보면 어느 순간 그 방법을 터득해 점점 실력이 향상되기 마련입니다. 그런 식으로 뇌와 몸이 포맷되어 있습니다.

여기서 잠시 각자 자신의 경험을 떠올려보십시오. 가령 어렸을 때 좀처럼 잘되지 않던 철봉 거꾸로 오르기를 생각해보면 몇 번이고 반복해도 실패하던 것이 친구를 보고 따라 하면서 도전을 거듭해가는 사이 엉덩이가 휙 하고 돌며 "해냈다!" 하고 소리치는 순간이 왔었지요? 야구라면 처음에 잘되지 않던 번트가 몇 번이고 반복해가는 사이 방법을 깨닫게 되어 잘 굴러가게 되고, 축구라면 처음에 잘되지 않던 리프팅도 꾸준히 연습해가는 사이 처음보다 오랫동안 할 수 있게 되고 말이지요.

그것뿐인가요? 컴퓨터 자판도 처음에는 자판 하나하나를 보며 독수리 타법으로 치던 것이 기본 위치를 익히고 나서 연습을 반복해가는 사이 점점 자판을 보지 않고도 실수 없이 빠르게 칠 수 있게 되지요. 이처럼 어떤 '형태'부터 시작해 연습을 거듭해가면서 기본 '틀'을 뇌와 몸이 철저하게 각인하게 만드는 것이 중요합니다.

그 형태를 하나둘 생각해가며 동작을 하는 것이 처음에는 어색해도 반복에 반복을 거듭하며 형태를 연습해가는 사이에 점점 내 몸이 그것을 기억하게 됩니다. 게다가 기본 틀을 확실하게 반복하다 보면 그 동작에서 응용한 움직임이 더해지거나, 업그레이드된 기술을 발견할 수 있게 되기도 합니다. 그러는 사이 기술이 더욱 향상되고, 언젠가 무의식적으로 상당히 높은 수준의 실력까지 갖출 수 있게 됩니다. 결국 어떤 것이든 그것을 확실하게 마스터하고 수준을 향상시키고 싶다면 일단 형태부터 기본을 몸에 새긴 다음

뇌와 몸이 무의식적으로 움직이게 될 때까지 반복해야 합니다.

확실하게 마스터하기 전까지는 꼭 '의식'하라
—

처음에 아무것도 할 수 없는 상태에서 '기본 틀'을 익혀갈 때에는 확실하게 '의식'을 하는 것이 중요합니다. 이제까지 계속 의식하는 것은 좋지 않다고만 이야기해왔기 때문에 모순처럼 들릴 수 있겠지만, 사실 의식은 우리에게 있어서 없어서는 안 될 존재이기도 합니다.

인간은 의식하는 동물이자 의식을 하는 것은 일상생활을 원만하게 보내는 데 빠질 수 없는 생명 활동입니다. 이제까지 제가 일상생활에서 의식에 사로잡혀 있는 것의 안 좋은 부분만을 강조하기는 했지만, 의식하는 것 자체가 나쁜 것은 아닙니다. 특히 새로운 무언가를 배우거나, 어떤 방법이나 기술을 익혀 향상시키려 할 때에는 몸의 움직임 등의 형태나 틀을 확실하게 의식할 필요가 있습니다. 다시 말해 어떤 것을 마스터하고자 할 때 처음에는 의식하며 했던 것들을 어떻게 의식하지 않아도 할 수 있는 단계까지 지속해나가는지가 중요한 열쇠가 되는 것입니다.

어렵게 느끼는 분들을 위해 조금 더 설명해보겠습니다.

예를 들어 이제까지 한 번도 골프를 쳐본 적 없는 사람이 드라이버 샷을 마스터하려 한다고 가정해봅시다. 초보자라면 누구나 그렇듯이 처음에는 텔레비전에서 보는 프로 골퍼처럼 멋있게 스윙을 하려고 연습을 시작하겠지요? 그렇게 자꾸 눈동냥으로라도 보면서 '나도 멋있게 해야지'라고 의식하기 마련입니다. 그런데 그들처럼 멋있게 스윙하며 공이 멀리까지 잘 뻗어가는 게 생각처럼 간단하지가 않습니다. 드라이버의 헤드 위치나 그립 잡는 방법, 발의 넓이, 백스윙이나 공을 맞추는 각도 등 여러 가지 기본을 배우지 않으면 안 되기 때문입니다.

누구나 처음에는 골프의 기본을 확실히 의식하며 스윙을 하게 됩니다. 즉, '발 넓이는 이 정도면 되겠지?', '백스윙은 이 정도일까?', '어? 위팔에 너무 힘이 들어갔나?', '힘으로 치는 것이 아니라 결정적 타이밍이 중요한 거지?' 등 많은 것을 의식하며 거의 대부분 의식에 의해 스윙을 하게 됩니다. 그런 식으로 몸 여기저기의 자세를 의식하며 몇 번이고 스윙을 반복해가는 것은 굉장히 중요합니다.

여러 번 시행착오를 거쳐가며 스윙을 반복하다 보면 '이렇게 의식하며 쳤을 때에는 잘되네', '이런 식으로 의식하며 치니까 안 되네'라는 나름의 패턴이 생기며 점점 자신만의 스윙이 틀을 잡아갑니다. 또 스윙의 틀이 잡히면 점차 자신감이 생겨 '이렇게 칠 때 잘됐었지?'라고 생각하고 그 방법을 굳혀가게 됩니다. 그렇게 익숙해지는 사이 '의식하지 않아도 평소대로 칠 수 있게' 되어가는 것입니다.

결국 처음에는 '이렇게 쳐야지', '저렇게 쳐야지' 하고 의식하지만, 이를 반복하며 연습을 해가는 사이 의식하는 횟수는 점점 줄어들고, 의식을 하지 않아도 자연스럽게 칠 수 있게 됩니다. 그런 끝에 마침내 몸과 마음이 의식에서 해방되어 무의식적으로 최고의 스윙을 할 수 있는 단계까지 향상되어가는 것입니다.

의식을 줄이고, 무의식을 늘려가는 비결
—

처음에는 의식의 영역에 점령당했던 것들도 연습을 반복하다 보면 어느새 의식의 영역에서 벗어나게 됩니다. 그러면서 동시에 무의식의 영역이 증가해가는 것은 오른쪽 페이지의 그림을 통해서도 알 수 있습니다. 다시 말해 처음에는 '의식 100%, 무의식 0%' 상태였다가 연습을 반복해가는 사이 '의식 90%, 무의식 10%', '의식 80%, 무의식 20%', '의식 70%, 무의식 30%'으로 점차 무의식의 영역이 증가해 최종적으로는 '의식 10%, 무의식

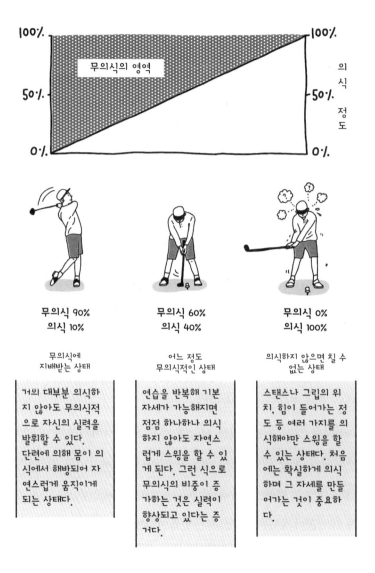

무의식의 영역

100% 100%
50% 50%
0% 0%

의식 정도

무의식 90%
의식 10%

무의식 60%
의식 40%

무의식 0%
의식 100%

무의식에
지배받는 상태

어느 정도
무의식적인 상태

의식하지 않으면 칠 수
없는 상태

거의 대부분 의식하지 않아도 무의식적으로 자신의 실력을 발휘할 수 있다. 단련에 의해 몸이 의식에서 해방되어 자연스럽게 움직이게 되는 상태다.

연습을 반복해 기본 자세가 가능해지면 점점 하나하나 의식하지 않아도 자연스럽게 스윙을 할 수 있게 된다. 그런 식으로 무의식의 비중이 증가하는 것은 실력이 향상되고 있다는 증거다.

스탠스나 그립의 위치, 힘이 들어가는 정도 등 여러 가지를 의식해야만 스윙을 할 수 있는 상태다. 처음에는 확실하게 의식하며 그 자세를 만들어가는 것이 중요하다.

▶ 실력이 향상될수록 무의식의 영역이 넓어진다.

90%'로 바뀌면서 거의 의식하지 않아도 되는 상태가 됩니다.

결국 실력을 향상시킨다는 것은 무의식의 힘을 조금씩 끌어내고 있다는 증거입니다. 매일 연습을 반복하며 끊임없이 단련해가는 사이 조금씩 무의식의 힘을 끌어내 하나하나 의식하지 않아도 자연스럽게 심신을 움직이게 되는 것입니다.

이처럼 처음에는 기본 형식을 의식하며 시작하고, 연습을 반복해가는 사이 무의식적으로 할 수 있게 되는 패턴은 아마도 만국 공통일 것입니다. 특히 유도, 합기도 등의 무도나 꽃꽂이, 다도 등에서도 처음에는 철저하게 형태를 익혀나가다가 나중에는 일일이 생각하지 않아도 몸이 자연적으로 움직일 수 있도록 한 걸음, 한 걸음 꾸준히 반복하며 단련해가는 것이 수행이라고 할 수 있습니다. 그리고 이러한 무의식의 힘을 끌어내는 패턴은 매일의 일상, 일이나 작업, 스포츠, 배우는 것 등 우리의 생활과 밀접한 모든 것에 적용할 수 있습니다.

어떠한 것이든 형태에서 시작해 기본 틀을 익혀가면서 내 안의 무의식의 문을 열어갈 수 있도록 합시다. 트레이닝의 반복이나 단순 작업의 반복, 루틴 워크routine work(정해진 하루의 일)의 반복을 귀찮아해서는 안 됩니다. 반복이야말로 무의식의 힘을 끌어낼 수 있는 가장 근본적인 방법입니다.

사소한 것까지 철저하게
자동화시키기

◇◇◇◇◇◇◇◇◇◇

그럼 마지막으로 네 번째 기술을 살펴보겠습니다.

1장에서도 말씀드렸듯이 흐트러짐이나 망설임 없이 실력 발휘를 하기 위해서는 주위의 사소한 일들이나 어찌 되든 상관없는 것들에 대해서는 일일이 의식하지 않아도 되도록 준비해두는 것이 중요합니다. 다시 말해 입을 옷을 몇 가지로 정해두고, 지갑은 항상 가방에서 바로 꺼낼 수 있는 위치에 두는 등 사소한 항목까지 자동화시켜두면 여차할 때 의식하지 않아도 몸이 자동적으로 움직이며 그 일들을 해나가겠지요? 결국 주위의 사소한 일들을 자동화시키는 것은 무의식을 끌어낼 수 있는 중요한 창구가 됩니다.

평소 사소한 일들까지 자동화시켜두기로 유명한 사람이 있습니다. 바로 이치로 선수입니다. 이치로 선수의 그 루틴을 위한 집념의 예를 몇 가지 들어보겠습니다.

- 야구장 라커룸에서는 항상 편안한 소파가 아닌 딱딱한 알루미늄 의자에 앉는다.(허리 통증을 유발시키지 않도록 하기 위해)
- 몇 십 년 전부터 같은 모양의 배트를 사용하고 있다.(통상 사용되는 것보다 가는 배트: 공을 잘 맞히면 멀리 날아가지만, 빗나가면 범타될 가능성이 높음)
- 브런치는 항상 같은 양, 같은 맛의 카레를 먹는다.(시애틀 매리너스 때의 습관: 지금은 연 단위로 해마다 먹는 것이 바뀌고 있는 듯함)
- 홈경기의 경우 외식을 하지 않고, 꼭 집에 가서 부인이 직접 만들어주는 요리를 먹는다.
- 마음에 드는 음악이 있으면 같은 곡을 두 시간이든 세 시간이든 반복해 듣는다.
- 매일 같은 시간에 잠들고, 같은 시간에 일어나 여덟 시간 수면을 취한다.

이처럼 이치로 선수는 매일매일 아주 사소한 일들까지 습관화하고 있습니다. 그가 스스로 정한 규칙을 시종일관 유지하고 있는 이유는 사소한 것에 신경을 쓰지 않고 스트레스 안 받는 상태로 야구에 집중하고 싶기 때문이겠지요. 야구에 더 집중하기 위해 조금이라도 야구에 영향을 미칠 만한 요소들은 미리 정해놓은 루틴에 따르기로 한 것입니다. 발생할 가능성이 있는 문제 요소들을 사전에 제거하면 야구에만 집중할 수 있고, 자기 안의 힘을 최대한으로 끌어낼 수 있기 때문이겠지요.

이치로 선수의 '수도승 같은 생활'

—

야구에만 몰두하기 위해 일상 속에서 규칙적인 습관들을 정해놓고 실행하는 이치로 선수를 두고 흔히 "수도승 같다"고 말합니다. 수도승은 깨달음을 얻기 위해 항상 주위의 사소한 일들을 간소화 또는 합리화해 행동하고 자세를 정돈해두곤 하지요. 수도승의 생활이라고 하면 소박한 사찰 음식을 감사히 여기며 먹거나, 사찰 안을 티끌 하나 없도록 청소하거나, 겨울이라도 차가운 물로 세수하며 정신을 단련시키는 식의 엄격한 일과를 매일 루틴화해 반복하고 있는 이미지가 떠오르지요? 이치로 선수가 루틴을 매일 묵묵히 실행하고 있는 모습처럼 말입니다.

저는 이치로 선수나 수도승이나 다 '원하는 것을 얻기 위해 무엇을 어떻게 하면 좋을까?'를 연구한 끝에 그 같은 방법론에 이른 것이라고 생각합니다. 이를테면 수도승은 깨달음을 얻기 위해, 이치로 선수는 야구에만 집중해 자신의 실력을 보다 향상시키기 위해 각자 주위에서 일어나는 일 중 어떻게 하든 상관없는 불확정 요소를 가능한 없애 쓸데없이 정신이 흐트러지지 않도록 하고 있는 것입니다.

별것 아닌 일이나 어찌 되든 상관없는 일을 하나하나 의식하며 그것에 사로잡히는 것을 번뇌라고 한다면, 둘 다 그러한 번뇌에 일일이 신경 쓰지 않아도 되도록 일상의 자그마한 일들을 철저히 루틴화하는 것이라고 할 수 있습니다. 일상의 사소한 일들을 자동화시키는 것은 무의식의 힘을 보다 효율적으로 끌어내기 위한 중요한 조건입니다.

한 달에 하나씩 자동화할 수 있는 것 늘려가기

–

우리가 생활하는 가운데 자동화된 부분을 많이 만들면 만들수록 무의식의 창구는 확장되어갑니다. 어떠한 것이든 출입구가 넓을수록 안에 있는 물건을 꺼내기가 쉽겠지요? 그러므로 일상생활에서 두 개, 세 개, 네 개, 다섯 개로 '자동화된 부분'이 늘어나 창구가 넓어지면 넓어질수록 내 안에 내재되어 있는 무의식의 힘을 끌어내기가 훨씬 수월해집니다. 결국 자기 안에 있는 무의식의 힘을 쉽게 끌어내기 위해서는 이러한 자동화를 일상생활에서 얼마나 많이 만드느냐 하는 것이 관건입니다.

내 안에 내재되어 있는 잠재능력이나 가능성을 더욱더 끌어내고 싶다면 평소 일상생활에서 자동화할 수 있는 것을 찾아내 자신만의 방법으로 루틴화시켜 매일 실천해보는 것은 어떨까요? 어떤 것이든 좋습니다. 특히 '무언가를 결정하는 것'이나, '어떤 것을 찾는 것'에는 상당한 스트레스가 따르므로 그러한 부담을 없앨 수 있는 것을 중심으로 하나씩 자동화해가면 좋겠지요. 예를 들어 다음과 같은 식의 일들을 자동화해두는 것입니다.

- 요일마다 넥타이 순서 정해두기
- 카페에서 마실 커피를 한 가지로 정해두기
- 일할 때 쓰는 노트나 볼펜 브랜드 정해두기
- 책상 서랍에 넣어두는 문구를 필요할 때 바로 꺼내 쓸 수 있도록 정리해두기
- 컴퓨터 파일은 어디에 무엇이 있는지 바로바로 알 수 있도록 폴더별로 정리하기

아마 '이 정도라면 얼마든지 실천할 수 있을 것 같다'고 생각하는 분들이 많겠지요?

여러 가지를 한꺼번에 자동화시키려고 하면 오히려 혼란만 가중될 뿐입니다. 그래서 저는 한 달에 한 가지씩 자동화시키고 그것을 꾸준히 지속할 것을 권장하고 있습니다. 한 달에 하나씩 자동화할 수 있는 것을 늘려간다면 1년에 열두 가지의 일을 자동화하게 됩니다. 또 그것이 몇 년간 차곡차곡 쌓이다 보면 몇 십 가지의 일들이 자동화되면서 루틴이 되어갑니다.

그렇게 일상생활에서 하나하나 자동화하는 일들을 늘려가면 '일일이 의식하지 않으면 안 되는 것'이나, '일일이 스트레스 받았던 것'이 점점 줄어들어 의식적으로 혼란스럽지 않으면서 스트레스 없는 생활을 보낼 수 있게 됩니다. 그리고 스트레스 없이 생활하다 보면 무의식의 창구가 점점 확장되어 일이나 스포츠 등에서 실력을 향상시킬 수 있게 됩니다. 그러므로 매일 수행하는 마음으로 자동화시킬 수 있는 부분을 늘려가는 것이 좋습니다. 운동선수가 아니더라도 이치로 선수처럼 루틴을 중요하게 생각하며 차근차근 노력해나간다면 언젠가 큰 성과를 거두는 날이 올 것입니다.

매일 흐트러지지 않기 위한 습관, 고민하지 않기 위한 습관을 추구해나가면 무의식의 힘은 점점 커질 것입니다. 그리고 그 힘은 나중에 우리의 인생을 '자동적으로' 좋은 방향으로 이끌어가는 에너지가 됩니다.

무의식의 힘을 키우기 위한 3단계 훈련법

◇◇◇◇◇◇◇◇◇

지금까지 '무의식의 힘을 끌어내기 위한 네 가지 기술'을 자세히 알아봤는데 어떠신가요? '이 정도라면 나도 충분히 할 수 있을 것 같다'고 생각하는 분들이 많지 않을까요? 이 네 가지 기술을 실천해가는 데 있어서 다음의 3단계 훈련법도 함께 익히면 우리의 인생이 한층 업그레이드될 것입니다.

1단계 | 무의식의 힘의 크기 알기

-

우선 무의식의 힘의 크기를 확실히 아는 것이 중요합니다. 우리에게는 다 쓰지 못하고 잠들어 있는 능력이 있는데, 무의식의 힘으로 그 능력을 끌어내느냐 끌어내지 않느냐에 따라 우리의 미래가 크게 달라질 수 있습니다. 무의식의 힘을 잘 활용해 '난 이런 것도 할 수 있어', '그런 꿈, 나도 충분히 이룰 수 있을 거야'라는 식으로 성공 이미지를 부풀려 기대감이 팽창하게 되면 우리의 뇌는 그것을 실제 상황으로 인식해 내 안에 엄청나게 큰 힘이 잠들어 있다고 느끼게 됩니다. 그리고 습관을 바꿔 '꼭 그 힘을 끌어내고 말 거야'라는 식으로 결의를 다지게 됩니다.

2단계 | 매일 생활 속에서 4가지 기술 훈련하기
–

무의식의 힘을 끌어내는 것도 결국 훈련이 필요합니다. '무의식의 힘을 꼭 끌어내고 말 거야'라는 결의를 다졌다면 앞에서 소개한 네 가지 기술을 실천에 옮겨 매일 훈련을 해보십시오.

꼭 한 번에 전부 다 하지 않아도 되고, 시도하기 부담스러운 것은 나중에 시작해도 괜찮습니다. 어찌 되었든 훈련, 연습이라고 하는 것은 '계속하는 것'이 가장 중요합니다. 도중에 포기하지 않고 지속해가며 하나하나 확실히 기술을 몸에 익혀야 합니다.

무의식을 끌어내는 기술을 몸에 익히게 되면 점점 일이 자연스럽게 진행되어가는 변화가 눈에 보이게 됩니다. 그러한 긍정의 변화를 매일 반복적으로 훈련하고, 무의식의 힘을 끌어내는 네 가지 기술을 자신의 것으로 만들어가도록 노력해봅시다.

3단계 | 무의식의 힘을 향상시켜는 경험 쌓기
-

최종 단계는 '실천'입니다. 무의식을 끌어내는 네 가지 기술을 몸에 충분히 익혔다면 그 힘을 더 나은 생활이나 더 나은 인생을 보내기 위해 의도적으로 활용해보도록 합시다.

예를 들어 '큰 무대에서도 긴장하지 않고 평소처럼 실력을 발휘하고 싶다'라거나, '다음 대회까지 실력을 한 단계 끌어올리고 싶다', '슬럼프에 빠지거나 트러블이 생겨도 냉정하게 대처할 수 있었으면 좋겠다'라고 생각될 때 무의식의 힘을 발휘해 '잘 이겨내는 경험'을 차곡차곡 쌓아가는 것입니다. 이러한 경험들이 쌓이다 보면 넘어야 할 벽들이 하나둘 사라지며 자신감이 생기고 무의식의 힘, 잠재적인 힘을 한층 끌어내기가 쉬워집니다. 그리고 점차 일이나 생활, 스포츠 등 여러 국면에 있어서 '무의식의 힘을 끌어내기만 하면 언제 어떤 일이 일어난다고 해도 이겨낼 수 있어'라고 담대하게 생각하게 됩니다.

GOAL

3단계
무의식의 힘을
향상시키는 경
험을 쌓는다.

2단계
무의식을 끌어
내는 4가지 기
술을 매일 생활
속에서 적용해
가며 훈련한다.

1단계
무의식의 힘의
크기를 안다.

▶ 무의식의 활용 3단계

그 자신감은 자신의 인생을 긍정적인 방향으로 이끌어주는 큰 무기가 되어줄 것입니다. 그러한 자신감이 생겼다면 이미 무의식의 힘을 내 편으로 만들었다는 증거가 아닐까요?

무의식은 무한한 가능성의 보물 상자
-

무의식의 힘을 키우기 위한 3단계 훈련법을 계속 실천해간다면 분명 무의식의 힘을 발견하게 될 것입니다. 내 안에 잠들어 있는 무의식의 힘을 발견해 끌어내면 그것을 자신을 위해 최대한 활용할 수 있지 않을까요?

누차 이야기하지만 무의식의 힘은 누구에게나 있습니다. 무의식의 힘은 누구에게나 잠들어 있지만, 그 힘을 활용하지 못하는 사람과 활용하는 사람의 차이는 비교할 수 없을 만큼 큽니다.

무의식을 활용하지 못하는 사람은 우선 무의식의 힘 자체를 모르고, 흥미도 없겠지요. 자신에게 그러한 잠재적인 힘이 있다는 사실조차 깨닫지 못하는 경우도 많을 것입니다. 훌륭한 재능을 가지고 있어도 그것을 활용하지 못하거나 펼칠 기회를 찾지 못하면 그냥 묻혀버리기 때문입니다.

한편 무의식을 활용하는 사람은 무의식의 대단함을 깨닫고 그것을 어떻게든 끌어내려고 합니다. 무의식을 어느 정도 활용할 수 있는지는 사람에 따라 차이가 있겠지만, 그중에는 뛰어난 운동선수처럼 자신의 가능성이나 능력을 더욱 끌어내 실력을 향상시키면서 그 길의 끝까지 도달하는 사람도 있습니다. 무의식이라고 하는 힘을 다루는 법이나 사용법을 터득했기 때문에 '자기 안의 보석'을 잘 이용할 수 있는 것이겠지요.

여러분도 부디 '내 안의 무의식이라고 하는 보석'을 120% 활용해보시기 바랍니다. 가지고 있는 보석을 써보지도 못하고 버려지는 일이 없도록 말입니다.

무의식을 끌어내는 네 가지 기술을 중심으로 무의식을 다루는 법을 몸에 확실히 익혀 그 보석이 자신에게 도움이 될 수 있도록 활용해봅시다. 그 보물의 빛이 발휘하는 힘은 우리의 일상에 순간순간 반짝이는 빛을 비춰줄 것입니다. 그 힘을 몸에 익히는 것만으로 우리는 보다 빛나는 인생을 살 수 있게 될 것입니다.

Don't be So Comscious

4장

일상 속에서 무의식의 힘을
키우는 비결 21가지

무의식의 힘을 키우는 비결을 확실하게 이해하고 실천하면 자신의 숨은 가능성을 최대한 끌어낼 수 있습니다. 이 장에서는 일상 속에서 무의식의 힘을 키우는 비결 21가지를 소개합니다. 모두 특별히 어렵지도 않고, 지금이라도 당장 시작할 수 있는 것들입니다. 단, 한 번에 이 모든 것을 실행하기는 힘들 수 있으므로 자신에게 맞는 것이나 '이거라면 간단히 할 수 있을 것 같다'고 생각되는 항목부터 하나씩 몸에 익혀가시기 바랍니다.

무의식을 자극하는
생활 속 행동들

◇◇◇◇◇◇◇◇◇◇◇

어떤 재능을 크게 키우려면 먼저 그 비결을 파악하는 것이 중요합니다. 가령 원예에서 화초나 채소를 키울 때에도 흙 고르는 법, 씨 뿌리는 법, 물 주는 시간 등 알아두어야 할 사항들이 여러 가지 있지요? 그와 마찬가지로 무의식의 힘을 키우기 위한 방법에도 여러 가지가 있고, 그 방법을 확실히 익혀 매일 생활 속에서 실천해나가는 것이 중요합니다.

4장에서는 무의식의 힘을 키우는 비결과 방법을 구체적으로 소개하려고 합니다. 그 비결을 터득해 실천하는 사람과 그렇지 않은 사람은 큰 차이가 있습니다. 부디 '무의식의 힘을 키우는 비결'을 확실하게 이해하고 실천해 내 안에 '묻혀 있는 힘'을 가능한 많이 끌어낼 수 있도록 노력해봅시다. 그리고 매일 하고 있는 일이나 집안일, 스포츠, 이루고자 하는 많은 꿈 등에 큰 도움이 될 수 있도록 힘써봅시다.

앞으로 소개할 방법은 전부 21가지입니다. 모두 특별히 어렵지도 않고, 지금이라도 당장 시작할 수 있는 것들입니다. 단, 한 번에 이 모든 것을 실행하기는 힘들 수 있으므로 자신에게 맞는 것이나 '이거라면 간단히 할 수 있을 것 같다'고 생각되는 항목부터 하나씩 몸에 익혀가면 됩니다.

21가지 항목에는 앞에서 소개한 '멍하니 있기'도 포함되어 있습니다. 뒤에 나오는 '하루 5분, 스마트폰 멀리하기', '하는 척이라도 좋으니 망상해보기', '3줄 일기 쓰기' 등은 한번 시험해보면 뇌의 디폴트 모드 네트워크가 자연적으로 활발해져 무의식이나 잠재의식에 빛을 비출 수 있게 될 것입니다.

무엇보다 중요한 것은 계속하는 것입니다. 이 같은 방법을 매일 생활 속에서 꾸준히 실천해나간다면 내 안의 무의식의 힘을 크게 키울 수 있을 것입니다.

01
하루 5분, 스마트폰 멀리하기

–

앞에서 말씀드린 것처럼 무의식의 힘을 키우기 위해서는 '멍때리는 시간'이 반드시 필요합니다. 일이나 작업 등 의식적인 활동에서 벗어나 무엇도 하지 않고 멍하니 있으면 자동적으로 뇌의 디폴트 모드 네트워크가 활동하기 시작합니다. 이 디폴트 모드 네트워크는 '무의식을 보다 효율적으로 활동하게 하는 네트워크'라고 할 수 있습니다. 그러므로 최소한 하루에 5분 동안만이라도 '아무것도 하지 않고 멍하니 보내는 시간'을 가짐으로써 이 네트워크가 활동할 수 있도록 해야 합니다.

이 5분간은 스마트폰도 해서는 안 됩니다. 스마트폰은 전원을 끄거나 멀리 떨어진 곳에 두십시오. 물론 컴퓨터나 태블릿PC, 텔레비전도 안 됩니다. 타인의 방해를 받지 않을 수 있는 조용한 곳에서 혼자가 되어 오로지 '멍하니 있는 것'에만 시간을 써주십시오.

아마 처음 시작할 때에는 5분도 길게 느끼는 사람이 있을 것입니다. 무언가가 계속 신경 쓰여 안절부절못하며 불안해하는 경우도 많지요. 이처럼 불안해한다는 것은 그만큼 눈앞의 것들을 의식하고 있다는 증거입니다.

멍하니 있는 것에 익숙해지면 오늘 있었던 일을 회상해보거나, 옛날 그리웠던 기억이 떠오르거나, 지금 자기 자신이 놓여 있는 상황에 대해 생각해보거나 하면서 머릿속에 여러 가지 이미지가 떠오르게 됩니다. 멍한 상태에서 그런 식으로 다양한 생각이나 이미지가 떠오른다면 성공입니다.

멍하니 있는 것은 무의식의 문을 열기 위한 가장 손쉬운 방법입니다. 부디 매일 적극적으로 멍하니 있는 시간을 갖고, 내 안의 무의식에 빛을 비추도록 해보세요.

02
하는 척이라도 좋으니 망상해보기

—

성공한 사람들 중에는 망상하는 습관을 갖고 있는 사람이 많습니다. 대표적인 예로 빌 게이츠, 이나모리 가즈오, 이치로, 마돈나, 클린트 이스트우드, 리차드 기어, 그리고 생전에 스티브 잡스가 직감이나 창조력을 단련하기 위해 망상을 했었다는 이야기는 유명합니다.

조용히 망상을 하고 있으면 디폴트 모드 네트워크가 자극을 받는데, 이것에 의해 사고력이나 기억력, 영감 등 뇌에서는 다양한 활동을 하게 됩니다. 물론 내 안의 무의식의 힘을 키워가는 데에도 망상은 상당히 효력이 있습니다.

망상을 하고 있을 때에는 사소한 것이나 정해진 규칙에 따르지 않고 그저 몸과 마음을 안정시켜 멍하니 있는 것만으로도 충분합니다. 그것이 흉내이든 자기류(자기 주관이나 습관, 취미대로 하는 방식)이든 상관없습니다. 어찌 되었든 하루 중 마음을 정리할 수 있는 시간을 갖는 것이 중요합니다.

03
요가를 하며 자신의 몸과 마주하기
—

요가는 단순히 '몸에 좋은 운동'이 아닙니다. 본래 요가는 커다란 우주를 느끼면서 자신의 심신과 마주하며 우주와 자신을 일체화시켜 깨달아가기 위한 수행 방법입니다. 그리고 이 수행 방법은 내 안의 무의식의 힘을 끌어내는 데에도 상당한 효과가 있습니다. 요가를 할 때에는 내 안에 '무의식이라고 하는 소우주'가 있다고 생각하고, 그 소우주와 대화를 하거나 힘을 끌어당긴다는 마음으로 하면 좋습니다.

요가뿐 아니라 일본에서는 최근 쏟아지는 폭포수 아래에서 좌선을 하거나 사경(경문을 베끼는 일)을 하는 수행 체험도 인기가 있다고 합니다. 이러한 수행에 도전하게 될 때에는 무엇보다 내 안의 무의식이라고 하는 소우주를 느끼면서 그 힘을 끌어내려고 노력하면 더욱 효과적입니다.

04
정해진 목적지 없이 여기저기 산책해보기

–

뇌의 멍때리는 기능인 디폴트 모드 네트워크가 가만히 있을 때에만 가동하는 것은 아닙니다. 산책을 하거나, 걸을 때에도 활발히 활동하는 경우가 있습니다.

예를 들어 천천히 여유 있게 걷고 있을 때 머릿속에 여러 가지 이미지나 생각이 떠오르다가 다시 사라져버린 적이 있지 않나요? 이것은 디폴트 모드 네트워크의 움직임이 활발해졌다는 증거입니다.

걷고 있을 때처럼 '머리를 쓰지 않아도 되는 단순한 신체 동작'을 하고 있으면 점점 대뇌의 의식적인 활동이 줄어들고 대신 디폴트 모드 네트워크의 활동이 활발해지게 됩니다. 이처럼 걸으면서 '멍때리는 네트워크'를 가동시키면 번뜩이는 영감이나 아이디어를 얻기가 쉽다고 합니다. '꼭 생각해내야지'라든가, '뭔가 영감이 떠올랐으면 좋겠다'라고 의식적으로 애쓰는 것이 아닌, 의식에서 벗어나 머릿속을 '무(無)'로 만들 때 비로소 좋은 생각이 떠오르기도 하는 것입니다.

그리고 보면 옛날 철학자들이나 소설가들은 걸으면서 생각을 하는 경우가 많았습니다. 고대 그리스의 아리스토텔레스와 그 일파는 걸으면서 생각하거나 토론을 했기 때문에 '소요학파'라고 불렸습니다.(소요란 '자유롭게 이리저리 슬슬 거닐며 돌아다니는 것'을 뜻함)

일본의 문호 나쓰메 소세키가 산책을 굉장히 좋아했던 것도 유명하고, 교토대 교수이자 철학자였던 니시다 키타로도 마찬가지로 산책을 하며 깊은 사색에 잠기곤 했다고 합니다. 이러한 위인들은 산책을 하는 동안 생각이 의식에서 벗어나 '무(無)'가 감돌게 되어 좋은 발상이 떠오른다는 것을 알고 있었는지도 모릅니다. 이와 같이 산책을 함으로써 세상에 얽매이지 않고 의식의 굴레에서 벗어날 수 있었기 때문에 다른 사람들에게 어떻게 보이는지에 대한 부담도 덜하지 않았을까요?

여러분도 복잡한 일상에 지칠 때에는 시간에 구애받지 말고 마음이 향하는 대로 슬슬 거닐어보는 것은 어떨까요?

05
머리를 쓰지 않아도 되는 단순한 일에 몰두하기

−

산책할 때와 마찬가지로 '그다지 머리를 쓰지 않아도 되는 단순한 수작업'을 할 때에도 디폴트 모드 네트워크가 가동하기 시작합니다.

예를 들어 신발장에 있는 구두를 한 켤레, 한 켤레 반질반질하게 닦을 때, 많은 감자의 껍질을 하나하나 깎고 있을 때, 대량의 봉투에 우표를 한 장씩 붙일 때, 뜨개질을 할 때 등 단순한 작업을 반복하다 보면 어느새 머릿속이 정돈되면서 여러 가지 이미지나 생각이 넘쳐나게 됩니다. 이러한 시간은 일상의 수많은 의식 속에서 벗어나 무의식에 눈을 돌리는 좋은 계기가 됩니다.

주말 등 모처럼 쉬는 날에는 시간이 가는 것도 잊고 아무 생각 없이 할 수 있는 단순 작업에 몰두해보는 것은 어떨까요?

06
하루에 한 번, 무엇이든 정리해보기

−

방이나 책상을 정리하거나, 책장이나 서랍 속을 정돈하는 작업은 무의식과도 상당히 연관이 있습니다. 물건이 어질러져 있거나, 어디에 있는지 알 수 없는 상황은 심신을 흐트러뜨립니다. 신경을 쓰고 일일이 의식하는 것이 스트레스가 되기 때문입니다. 그런데 물건을 정리 정돈 하면 '일일이 의식하지 않아도 되는 상황(무의식)'을 만들어낼 수 있습니다.

정리와 정돈은 무의식을 갈고닦는 길로 통합니다. 가능하면 하루에 한 번, 무엇이든 정리와 정돈을 하는 습관을 들이는 것이 좋습니다. 그러면 날마다 무의식의 힘을 크게 키울 수 있게 됩니다.

07
아무것도 놓아두지 않는 공간 만들기

—

제 방에는 아무 물건도 놓아두지 않는 공간이 있습니다. 또 제 연구실에도 일반적으로 소파 등을 들여놓는 공간에 어떤 것도 두지 않는 빈 공간을 확보해두고 있습니다.

눈이 가는 곳에 물건을 두지 않는 이유는 쓸데없는 것이 놓여 있으면 나도 모르게 그것들을 의식해버리기 때문입니다. 만일 그곳에 소파가 있다면 '역시 조금 작은 소파를 사는 것이 나을 뻔했어'라고 생각할 수도 있습니다. 물건이 많을수록 그런 식으로 의식하는 횟수는 늘어나게 되겠지요. 따라서 저는 제 방이나 연구실에 필요한 것만 최소한으로 두고, '아무것도 없는 공간'을 가능한 넓혀가려고 하고 있습니다. 이상하게도 그렇게 하면 심신이 차분해져 일에 더욱 집중할 수 있습니다. 이렇게 쓸데없는 물건을 눈에 보이는 곳에 두지 않는 것은 '의식하는 것을 줄이는 효과'가 있습니다.

08
가방 속을 효율적으로 정리하기

—

간혹 아침 출근길에 지하철역 개찰구에 서서 들어가지 못하고 허둥대며 가방 속에서 무언가를 열심히 찾고 있는 사람을 볼 수 있습니다. 아마도 깜빡하고 두고 온 것이 있어서겠지요?

조금 전에도 말씀드렸듯이 '무언가를 찾는다'는 것은 생각보다 많은 스트레스를 주고 심신을 흐트러뜨리는 행위입니다. 아침부터 가방 속을 뒤지며 허둥대다 보면 기분까지 가라앉기 쉽습니다. 무언가를 찾느라 진땀 빼지 않아도 되도록 평소 '가방 속을 정리해두는 습관'을 들이는 것이 좋습니다.

가방 속은 어떤 것이 어디에 들어 있는지 바로 알 수 있게 정리하고, 필요한 것을 언제든 바로 꺼낼 수 있도록 넣어두어야 합니다. 또한 무엇이 필요하고, 무엇이 필요하지 않은지 그날그날 바뀌므로 전날 밤에 가방 속을 체크해두도록 합시다. 그렇게 하면 가방 속에서 무언가를 찾느라 허둥대는 일 없이 하루를 보낼 수 있습니다. 이것은 컨디션을 조절하는 기본적인 방법 중 하나입니다.

입을 옷의 색상 정해두기

—

'나만의 옷 색상'을 정해두는 것도 무의식의 힘을 키우는 한 가지 비결입니다. 입을 옷의 색상을 정해두면 무엇을 입을지 고민할 필요 없이 바로 옷을 갈아입고 나갈 수 있습니다. 색상이나 스타일 등의 선택사항을 의도적으로 좁혀두면 무엇을 입을지 정해야 할 때의 스트레스도 줄어들고, 하나하나 의식하며 스트레스를 받을 필요도 없습니다.

《시크한 파리지엔 따라잡기》(제니퍼 L. 스코트 저)라는 책이 한때 베스트셀러에 오른 적이 있습니다. '프랑스인은 옷을 10벌만 가지고 있다'는 콘셉트의 이 책에서 '나다움을 나타내는 데 실상 그렇게 많은 옷은 필요치 않다', '심플한 것이 오히려 생활을 윤택하게 한다'라고 하는 내용이 먹혔던 것이지요. 이러한 마음가짐은 무의식의 힘을 키우는 데에도 중요합니다.

⑩
현금도, 가솔린도 미리미리 채워두기
—

자동차를 운전하다 '혹시 차도 위에서 기름이 바닥나는 거 아닐까?' 하고 불안해한 적 있지 않나요? 불안이 엄습해오는 순간 자율신경은 흐트러지고 심신은 스트레스를 받게 됩니다. 마찬가지로 지갑 안의 현금도 '이걸로 충분할까?'라는 불안이 생기기 시작하면 그 시점부터 자율신경이 흐트러지고 마음이 불안정해지게 됩니다. 그러므로 가솔린도, 현금도 부족하기 전에 채워두어야 합니다. .

제 경우 가솔린은 4분의 1 정도 남아 있을 때 주저 없이 채워넣고, 현금도 사용할 일이 있으면 전날 현금지급기에서 찾아 보충해둡니다. 미리미리 채워두면 일일이 '부족하지 않을까?' 하고 의식할 필요가 없습니다. 그렇게 항상 의식하지 않아도 되는 상황을 미리 준비해두면 자연스럽고 편안하게 실력을 발휘할 수 있고, 무의식으로 향하는 길을 넓혀갈 수 있습니다.

⓫
비 오는 날, 20분 먼저 집 나서기

–

비가 오는 날, 평소보다 20분 서둘러 집을 나서면 행여 늦지 않을까 초조해하지 않아도 됩니다. 이는 의식을 흐트러뜨리지 않으면서 컨디션을 유지하기 위한 기본 자세입니다.

한번 생각해보세요. 날씨가 안 좋은 날에는 여러 가지 생각지 못한 일들이 일어날 가능성이 높습니다. 비가 와서 길이 막히거나, 지하철이 연착될지도 모르고 젖은 바닥에 발이 미끄러져 다칠수도 있겠지요. 비로 인해 일정이 꼬이거나, 평소보다 준비할 게 훨씬 많아지기도 하지요?

어떤 예측 불가능한 상황과 마주하게 되더라도 의식의 흐트러짐 없이 자연스럽게 대처할 수 있도록 비가 오는 날에는 평소보다 서둘러 외출하는 습관을 들여야 합니다. 약속 장소에 일찍 도착해서 먼저 상황을 확인한다면 미리 준비한 덕분에 좋지 않은 상황에서도 전혀 개의치 않고 실력 발휘를 할 수 있게 될 것입니다.

당연한 말이지만 날씨는 우리가 통제할 수 있는 것이 아닙니다. 통제할 수 없다는 점에서 보면 다른 사람이나 주변 상황과 같지요? 그런데 이렇게 통제할 수 없는 것들은 때때로 우리의 심신을 흐트러뜨리고 스트레스를 줍니다.

날씨와 같이 통제할 수 없는 것에 심신이 흐트러지는 것을 막으려면 사전에 철저히 준비해두는 것이 중요합니다. 즉, 비나 눈이 올 것 같다면 어떤 트러블이 생길지 미리 예측해보고 그것에 대비해 미리미리 대책을 세우는 것입니다. 가능하면 일기예보보다 조금 더 안전하게 준비를 갖추는 것이 좋겠지요.

미리 준비해두는 습관을 들이면 의식이 흐트러지거나 초조해하는 일도 없어지고, 비가 오든 바람이 불든 날씨로 인해 스트레스를 받는 일도 없어지게 됩니다. 또한 악천후에 상관없이 마음껏 자신의 실력을 발휘할 수 있게 되겠지요.

⑫
혼란스러울 때 마음의 안정을 찾아주는 3가지

—

내가 나 같지 않거나, 마음이 좀처럼 안정이 안 될 때, 너무 화가
나거나, 안절부절못할 때…, 누구에게든 이런 순간은 있을 것입
니다. 그럴 때 마음의 안정을 찾을 수 있는 세 가지 방법이 있습
니다.

- 천천히 심호흡하기
- 천천히 걷기
- 하늘 쳐다보기

이렇게 하면 헝클어졌던 마음이 서서히 풀어지고 차분해져 몸
과 마음에 여유가 생기게 됩니다.

호흡에 대해서는 2장에서도 설명한 바 있지요? 천천히 심호흡
을 하면 부교감신경이 자극을 받아 심신이 릴렉스 모드로 전환하
게 됩니다.

천천히 걸을 때에도 마찬가지로 릴렉스 효과를 기대할 수 있습
니다. 걷는 속도와 마음은 어느 정도 연관성이 있습니다. 마음이

초조하거나 안절부절못할 때에는 자연적으로 걸음걸이가 빨라지게 됩니다. 그런데 이럴 때 일부러 천천히 걷다 보면 거짓말처럼 마음이 차분해지며 냉정하게 사고하고 행동할 수 있게 됩니다.

하늘 쳐다보기도 효과적입니다. 고개를 들어 하늘을 바라보며 '하늘이 파랗네', '내일은 맑을까?'와 같은 생각을 하면 그 순간 머릿속을 복잡하게 하는 일도 냉정하게 돌아볼 수 있게 됩니다.

이 세 가지는 눈앞의 불안한 상황이나 스트레스에 휘둘릴 수 있는 상황에서 벗어나 의식하지 않아도 되는 상태(무의식)를 만드는 데 도움이 되므로 다양한 상황에 적용해보시길 바랍니다.

13
SNS에 휘둘리지 않기

–

트위터, 페이스북, 라인, 인스타그램 등의 SNS을 일상적으로 이용하고 있는 분들, 많으시지요? 그런데 이런 SNS는 주의를 기울이지 않으면 점점 '심신 상태를 흐트러뜨리는 도구'가 되어버립니다.

다른 사람이나 주변 상황은 내가 통제할 수 있는 것이 아닌 데다 이러한 것들을 의식하는 순간 심신이 흐트러진다는 것은 이미 1장에서도 말씀드렸습니다. 그런데 다양한 형태로 타인과 연결되어 있는 SNS는 좋든 싫든 상관없이 필연적으로 타인을 의식할 수밖에 없도록 만들어져 있습니다.

만일 마음 한 구석에서 '나 이런 사람이야', '이렇게 우아한 생활을 하고 있거든'이라는 식의 모습을 드러내고 싶은 욕구가 불쑥불쑥 올라온다면, 혹은 다른 사람의 SNS를 보고 '부럽다', '좋겠다', '너무해' 등의 감정들이 생긴다면 이미 SNS에 의해 심신이 흐트러지고 있다는 증거입니다.

자신의 SNS에 누군가 올린 댓글에 일희일비하는 사람도 적지 않습니다. 게다가 SNS는 익명성이 높다 보니 공격적인 말들을 주고받기도 쉽습니다.

연예인들의 SNS가 뜨거운 감자가 되는 일은 이제 비일비재합니다. 그런데 연예인이 아닌 사람도 SNS에 올린 자신의 의견에 누군가 생각지 못한 반론을 제기하거나, 전혀 알지 못하는 사람들에게 심한 말을 듣고 상처를 받는 경우가 많습니다. 그렇게 얼굴도 안 보고 주고받는 말들에 휘둘리게 되면 심신 상태는 흐트러지며 크게 낙담하게 됩니다.

SNS의 커뮤니케이션 방식을 전부 부정하는 것은 아닙니다. 하지만 혹시 평소 SNS에 영향을 많이 받는 편이라면 이용하는 것에 대해 다시 한 번 생각해볼 필요가 있습니다. SNS 보지 않기, SNS 하지 않기도 하나의 선택지입니다.

⑭
인간관계에서 계략을 꾸미지 않기

–

혹시 인간관계에서 무언가를 혼자 꾀하거나 획책하려다가 예상이 틀어져 오히려 피해를 본 적 없나요?

예를 들어 회의 의결에서 찬성표를 얻을 심산으로 사원들에게 몰래 접대를 해 물밑 작업을 했는데 나중에 그것이 탄로 나면서 기획 자체가 어그러져버렸다거나. A파벌에 설까, B파벌에 설까 고민하며 양쪽 관계자의 비밀 이야기를 듣고 다니다 결국 양쪽에서 스파이 취급을 당했다거나.

이런 식으로 '뒤에서 소곤소곤' 비밀리에 무언가를 꾸미는 것은 도리어 자신의 상황을 나쁘게 만드는 경우가 많습니다. 이는 다른 사람이나 주변 상황을 너무 의식한 결과입니다. 다른 사람이나 주변 상황을 너무 의식한 나머지 몰래 무언가를 꾀하거나, 계획을 짜거나, 획책하려고 하면 도리어 상황이 더 안 좋아지게 마련입니다.

원래 다른 사람을 통제할 수는 없습니다. 그럼에도 불구하고 무언가를 계획하고 꾸미려고 하면 결국 자신이 '의식의 덫'에 걸려버린다는 사실을 기억해야 합니다.

⑮
부정적인 감정이 가득할 때에는 행동하지 않기

–

손을 들고 행동을 개시할 것인가, 아니면 팔짱을 끼고 사태를 지켜볼 것인가.

살다 보면 결단을 내리기 망설여지는 순간이 있습니다. 저는 결단을 내리기 망설여질 때에는 '분노나 질투, 떳떳하지 못한 부정적인 감정이 내 속에 조금이라도 있다면 행동을 하지 않기'로 규칙을 정해놓았습니다. 그리고 '지금 이 행동을 하는 것이 정의롭고, 바른 결단이다'라는 확신이 들 때에만 행동에 옮기고 있습니다.

원래 분노나 질투, 떳떳하지 못한 것 등의 부정적인 감정은 다른 사람이나 주변 상황을 의식하기 때문에 생기는 것입니다. 그러한 상황에서 행동하게 되면 결국 누군가에게 노여움을 사 후회하게 되거나, 주위에서 좋지 않은 소리가 나와 오히려 사태를 더욱 악화시켜버리는 경우가 많습니다. '누군가를 향한 부정적인 의식'에 사로잡혀 있는데 행동하지 않으면 안 될 때에는 충분히 주의를 기울여야만 합니다.

⑯
항상 겸허한 마음가짐 갖기

—

운동선수든 경영인이든, 뛰어난 사람들은 예외 없이 겸허한 모습을 보입니다. 예를 들어 자식 또래의 후배를 대할 때 높임말을 사용하기도 합니다. 어린 후배들을 대할 때 겸허하게 행동할 수 있는 것은 상대를 존중하고 존경하는 마음이 있기 때문이겠지요. 그런데 이들이 겸허한 모습을 보이는 것은 오랜 경력과 많은 경험 속에서 어떤 깨달음을 얻었기 때문 아닐까요?

앞에서도 말씀드렸듯이 다른 사람이나 주변 상황은 우리가 통제할 수 있는 대상이 아닙니다. 다른 사람의 언행이나 주변 상황이 때로는 스트레스가 되기도 하고, 자신의 컨디션이나 실력을 흐트러뜨리는 원인이 되기도 합니다. 그럼에도 불구하고 그들을 겸허한 자세로 대하게 되면 더 이상 스트레스를 받지 않게 됩니다. 다른 사람에게 예의를 다하거나, 자신보다는 상대의 상황을 우선시하거나, 다른 사람에 대해 마음 깊이 존경하는 마음을 갖거나 하면 점점 그들에게 존경을 받고 사랑을 받게 되기 때문입니다. 통제할 수 없는 주위 사람들이 어느새 자신을 도와주는 조력자가 되는 것입니다.

훌륭한 사람은 아무리 큰 성공을 이루었어도 결코 자만하지 않고 다른 사람을 위해서나, 자신을 위해서나 항상 겸허한 자세를 유지한다는 점을 기억하고 배워야 하겠습니다.

⑰ '코핑'으로 관점 바꿔보기

–

스트레스나 고민거리에 대해 자기 나름의 관점이나 생각하는 법, 받아들이는 법 등을 바꿔 대처하고 행동하는 것을 '코핑coping' 이라고 부릅니다. 이것은 미국의 심리학자 아놀드 라자루스 박사가 고안해낸 스트레스 대처법입니다.

우리는 감당하기 어려운 스트레스에 직면했을 때 문제의 근본 원인을 생각하고 대책을 세우거나, 괴로움이나 불만을 누군가에게 털어놓으며 상담하거나, 스포츠 또는 취미 등으로 기분전환을 하며 어떻게든 그 상황에 대처하려고 합니다. 그런 식으로 문제를 해결하기 위해 행동을 취하는 것이 코핑입니다. 코핑의 선택지를 많이 가지고 있는 사람일수록 스트레스에 덜 민감하고, 부담감이 있어도 굴하지 않고 탁탁 털고 일어나 자신만의 능력을 발휘할 수 있습니다.

예를 들어 몇 백 명의 청중을 앞에 두고 이야기를 해야 할 때 '말문이 막히면 어떡하지?', '내 말이 먹히지 않으면 어떡하지?'라고 의식하게 되면 그 생각에 사로잡혀 말도 제대로 안 나오고 스트레스와 긴장감만 고조됩니다. 그런데 이때 코핑을 몸에 익히고 있다면 '청중이 아무리 많아도 상관없어. 난 내 식대로 최선을 다하면 돼', '천천히 심호흡하면서 이야기하면 괜찮을 거야'라는 식으로 생각을 전환할 수 있게 됩니다. 이처럼 보는 관점이나 생각하는 방식을 바꾸면 의식의 저주에서 벗어나 스트레스에서 멀어질 가능성이 높아집니다.

한마디로 코핑을 몸에 익히게 되면 '아, 그렇구나! 이렇게 생각하면 되는구나!', '아, 이런 방법이 있었네!'라는 식으로 해결책을 수월하게 찾을 수 있고, 눈앞의 고민이나 스트레스를 날려버리기 쉽습니다. 의식에 사로잡히지 않고 정말 중요한 순간에 능력을 발휘하게 되기 때문에 무의식의 힘을 보다 쉽게 끌어낼 수도 있습니다.

부담감이 들 때에는 관점을 다양하게 바꿔 행동해보는 것은 어떨까요? 그러면 주저하는 마음이나 스트레스가 사라지면서 구름 사이로 빛이 비치는 것처럼 새로운 길이 펼쳐질 것입니다.

18
장의 리듬 소중히 하기

–

장의 움직임은 지극히 무의식적입니다. 진지한 이야기를 하고 있는 와중에 갑자기 배 속에서 꾸르륵 소리가 나기도 하는 것처럼 장은 우리의 의식과 전혀 상관없이 움직이고 있습니다. 장이 매일 무의식적으로 열심히 움직이고 있기에 우리가 먹고, 소화·흡수하고, 배설하는 일을 반복하며 평소처럼 변함없이 생활할 수 있는 것입니다.

위장은 영어로 'guts'라고 하며 '용기, 근성'의 뜻으로도 사용되고 있습니다. 어쩌면 무의식의 힘(잠재능력)은 장 주변에도 저장되어 있을지 모릅니다. 그러므로 장을 소중히 하지 않으면 안 되겠지요?

장이 즐거워하는 식사(식이섬유나 발효식품)를 하고, 하루 세끼를 정해진 시간에 먹으며, 저녁식사 후 취침 전까지의 시간에는 가능한 음식 섭취를 피해 장이 리듬감 있고 건강하게 움직일 수 있도록 해야 합니다. 그렇게 장을 소중히 한다면 분명 무의식의 힘도 마음껏 발휘할 수 있게 되지 않을까요?

⑲
손으로 정성껏 글씨 쓰기

—

글씨를 쓸 때 호흡을 가다듬고 한 글자, 한 글자 정성을 다해 천천히 써내려가 보십시오. 물론 손 글씨로 말이에요. 그렇게 글씨를 써내려가다 보면 어느덧 마음이 차분해져 심신이 정리되는 듯한 느낌을 받을 수 있을 것입니다.

실제로도 손 글씨로 정성껏 글자를 써내려가면 부교감신경이 자극을 받아 자율신경의 균형이 맞춰지게 됩니다. 더욱 좋은 방법은 필사입니다. 긍정적이고 교훈적인 내용을 꾸준히 베껴 쓰다 보면 심신의 소용돌이가 가라앉아 머리가 맑아지며 집중력이나 의욕이 향상됩니다.

저는 이처럼 손 글씨로 정성껏 써내려가는 것이 내 안에 잠들어 있는 무의식의 힘을 깨우고, 그 힘을 끌어내는 데 굉장히 효과적이라고 생각합니다. 무언가 적어야 할 때 가능하면 손 글씨로 글자를 써보는 것은 어떨까요?

20
매일 '세 줄 일기' 쓰기

—

손 글씨로 정성껏 글씨를 쓰게 되면 자율신경의 균형이 맞춰지고, 내 안의 무의식에 빛이 비추어지게 됩니다. 이러한 손 글씨를 습관화하기 좋은 방법으로 매일 '세 줄 일기' 쓰기가 있습니다.

방법은 간단합니다. '하루 중 가장 안 좋았던 것', '하루 중 가장 감동적이었던 것', '내일의 목표'를 주제로 각각 한 줄씩 간결한 문장으로 써내려가는 것입니다. 이렇게 그날 하루 동안 있었던 일들을 다시 한 번 되돌아보며 일기를 써내려가다 보면 디폴트 모드 네트워크가 자극을 받게 됩니다.

사실 하루 동안 일어났던 일들 중에서 세 가지만을 추려서 정리를 하는 것은 간단한 것 같으면서도 의외로 쉽지가 않습니다. '이걸 쓸까, 아니면 저걸 쓸까' 하고 생각하는 사이 자연적으로 자신의 행동을 되돌아보며 반성하거나 분석하게 되므로 자신의 생각이나 행동을 객관적으로 바라보는 습관도 들이게 됩니다. 또한 세 줄 일기를 오랫동안 써나가면 자신이 어떠한 때 일이 잘 안 되고, 어떠한 때 일이 잘되었는지를 파악할 수 있고, 좋은 컨디션을 유지 및 향상하는 데에도 도움이 됩니다.

저는 이 세 줄 일기를 벌써 10년째 써오고 있습니다. 늦은 밤, 하루 일과를 무사히 마치고 잠들기 전에 혼자서 일기를 쓰려고 가만히 앉아 있으면 어쩐지 내 안의 무의식이 고개를 드는 듯한 기분이 듭니다. 그 순간만큼은 시간이 멈추고, 정신없고 복잡한 일상에서 벗어나 '무(無)'의 상태가 되어 조용히 자신과 대화하는 듯한 기분이 듭니다. 현대인들에게는 이러한 시간이 필요합니다. 세 줄 일기 쓰기를 통해 내 안의 무의식과 마주하는 습관을 들이도록 해봅시다.

㉑
자연의 소리에 귀 기울여보기

–

초록빛을 띠는 나무에 시선을 주거나, 시냇물 흐르는 소리, 새들의 지저귀는 소리에 귀를 기울이면 본능적으로 심신이 안정되는 것을 느낍니다. 그것은 아마도 자연을 접함으로써 의식이 '무(無)'가 될 수 있기 때문 아닐까요?

사람은 자연을 거스를 수 없습니다. 또한 통제할 수도 없습니다. 때로는 잔잔한 미소를 보이기도 하고, 때로는 날카로운 발톱을 드러내기도 하며 여러 가지 얼굴을 보이는 자연을 그때그때 받아들이는 수밖에 없습니다. 하지만 그러하기에 더더욱 자연에 매력을 느끼지 않나 싶습니다.

자연을 접하는 것이 심신의 안정을 찾게 하고, 무의식을 끌어내는 데 효과적인 것은 틀림없습니다. 자연은 우리가 통제할 수 있는 것이 아니지만, 다른 사람이나 주변 상황처럼 불만을 표현하지도 않습니다. 적극적으로 길을 나서 자연과 함께하며 그 소리에 귀를 기울여보는 것은 어떨까요?

Don't be So Comscious

5장

무의식은 나의
가장 좋은 친구다

'어떻게 하면 잘 살아갈 수 있을까?'에 대한 답도, '어떻게 하면 중요한 순간에 실력을 제대로 발휘할 수 있을까?'에 대한 답도, '어떻게 하면 후회 없는 인생을 살아갈 수 있을까?'에 대한 답도 모두 자신의 무의식 안에 있습니다. 무의식은 당신이 가고자 하는 방향을 이미 알고 있습니다. 내 안의 무의식의 힘을 믿고 그 흐름을 타고 가보세요. 그렇게 되면 반드시 무의식이 바른 흐름, 잘되는 흐름으로 데려다줄 것입니다.

눈앞의 일에만 너무
연연하지 마라

◇◇◇◇◇◇◇◇◇◇

우리의 몸과 마음이 좋은 상태를 유지하며 긍정적인 방향으로 흘러가기 위해서는 의식도, 무의식도 모두 중요시해야 합니다. 자율신경의 경우 컨디션을 좋은 상태로 유지하기 위해서는 교감신경과 부교감신경, 양쪽 모두 높은 수준을 갖춰야 합니다. 너무 엑셀만 밟아대서도, 너무 브레이크만 밟아대서도 안 됩니다. 교감신경과 부교감신경, 어느 한쪽에만 치우치지 않고 양쪽이 균형을 이룰 때 비로소 무의식의 힘이 최대한 발휘되는 것이지요.

의식과 무의식의 경우도 마찬가지입니다. 곧 의식만을 고집해서도, 무의식만을 고집해서도 안 됩니다. 의식과 무의식, 양쪽 모두 균형 있게 작동할 때 비로소 자신의 실력을 발휘해 좋은 결과를 얻을 수 있습니다. 그런데 현대인들 중에는 도저히 '의식과 무의식이 균형을 이루고 있다'고 말할 수 없는 생활을 하고 있는 사람들이 너무도 많습니다. 자율신경에서 엑셀 담당인 교감신경을 일방적으로 우위에 두고 있는 사람이 많은 것처럼, 의식만 일방적으로 작동시키는 사람이 압도적으로 많습니다. 앞 장에서도 말씀 드렸듯이 바로 눈앞의 일이나 업무만을 너무 의식한 나머지 '내 안의 무의식'을 등한시하는 사람이 많기 때문입니다.

한번 자신의 일상을 되돌아보십시오.

항상 직장에서의 일만을 의식하거나, 타인 또는 취미나 배우고 있는 것, 혹은 게임이나 SNS 등을 의식하면서 당장 눈앞에 놓여 있는 일들에만 신경을 쓰다가 하루가 끝나고 있지는 않나요?

혼자 조용히 아무것도 하지 않는 시간을 갖거나, 자신의 지금 상황을 되돌아보거나, 장래의 전망에 대해 생각해보는 등 '내 안의 무의식에 빛을 비춰주는 시간'을 전혀 갖지 않으면서 하루하루를 흘려보내고 있지는 않은가요?

그렇게 바로 눈앞의 일에만 연연한 채 내 안의 무의식을 돌아보지 않고 하루하루를 보내다 보면 자신도 모르는 사이에 인생의 균형이 깨지기 쉽습니다.

무의식이 가르쳐주는 '경보'를 잘 들어라

—

우리의 일상은 '강의 흐름'과 닮아 있습니다. 매일 일상에 쫓기다 보면 이 흐름은 유독 빠르게 느껴지지요. 아마 여러분 중에도 '끝없이 눈앞에 쌓여 있는 일들을 처리하는 것만으로도 일주일이 눈 깜짝할 사이에 지나가버려'라든가, '해가 바뀌고 시간이 그렇게 많이 지난 것 같지 않은데 어느새 여름이 되었네'라며 시간이 빠르게 흐르고 있다고 느끼는 분들이 많지 않은가요?

이처럼 일상의 흐름을 빠르게 느끼는 것은 의식과 무의식의 균형이 무너졌다는 증거입니다. 다시 말해 '아, 이것도 해야 돼', '저것도 해야 돼'라며 눈앞에 닥친 것만을 쫓으면서 내 안의 무의식을 돌아볼 여유를 갖지 못하기 때문에 일상이라고 하는 강의 흐름에 점점 떠밀려가, 그것을 깨닫게 된 때에는 이미 많은 시간이 지나가버리는 사태에 이르는 것입니다.

당장 눈앞의 일들에만 신경을 쓰느라 자신의 상황을 돌아볼 여유가 없다는 것은 자신이 지금 어디에 있는지, 어디를 향하고 있는지 파악할 수 없는 상태라는 것을 뜻합니다. 그런 상태로 그냥 시간이 흘러가버리면 나의 인생도 어디로 흘러갈지 알 수가 없습니다. 그렇게 시간이 흘러가는 사이 내가 뜻하지 않은 곳으로 빠져들 가능성도 있습니다. 따라서 매일 시간이 바쁘게 흘러가게 내버려둬서는 안 됩니다. **시간의 강에 떠내려가지 않기 위해서는 매일 내가 시간의 중심에 서서, 내 상황을 돌아보며, 내 안의 무의식의 소리에 제대로 귀를 기울여야 합니다.**

바쁜 일상 속에서도 때때로 잠시 멈춰 서서 지금 내가 어떤 상황에 있는지, 지금 어떤 위치에 있으며, 어디로 향해 가고 있는지 확인한다면 시간이 그렇게 눈 깜박할 사이에 흘러가버리지는 않을 것입니다. 또한 강의 흐름이 정확히 보인다면 안 좋은 방향으로 흘러갈 것 같을 때 코스를 바꾸거나, 자신이 가고자 하는 방향으로 코스를 전환할 수도 있겠지요. 그러므로 매일 잠깐씩 멈춰 서서 내 상황을 되돌아보고, 내 안의 무의식에 확실하게 빛을 비추어야만 합니다. 저는 그것이야말로 의식과 무의식의 균형을 맞출 수 있는 가장 현명한 방법이라고 생각합니다.

하루하루를 그냥 흘러가는 대로 내버려둘 것이 아니라 가만히 멈춰 서서 무의식의 소리에 귀를 기울여보세요. 자칫 눈앞의 의식만을 쫓아가기 쉬운 현대인들에게 그 흐름을 잠시 멈추고 무의식의 소리에 귀를 기울이는 시간은 꼭 필요합니다.

그 시간을 소중히 한다면 매일의 일상이나 인생에 있어서 '나쁜 흐름'을 '좋은 흐름'으로 충분히 바꿔갈 수 있을 것입니다. 부디 하루에 잠깐씩만이라도 멈춰 서서 의식과 무의식의 균형을 맞추고, 좋은 컨디션의 흐름을 유지해나가기를 바랍니다.

때로는 영감이나 직감을
따르는 것도 좋다

◇◇◇◇◇◇◇◇◇

이 책에서 계속 '무의식의 소리'에 귀를 기울이라고 말해도 도대체 어떻게 하라는 것인지 감이 안 오는 분들도 있을지 모르겠습니다. 이 부분에 대해 조금 더 설명을 첨부하겠습니다.

혹시 여러분은 직감이나 예감이 맞아떨어진 경험을 해본 적이 있지 않나요? '왠지 이쪽을 선택하는 게 나을 것 같아'라는 식의 직감이 맞아떨어져 좋은 결과로 이어지거나, '어쩐지 이쪽으로 가면 안 좋을 것 같아'라는 불길한 예감이 적중해 트러블을 피할 수 있었던 경험들이요. 이런 직감이나 예감도 무의식의 힘과 연관이 있습니다.

소위 직감이나 예감은 무의식이 속삭이는 '소리'와 같습니다. 무의식이 속삭이는 소리는, 의식에는 이르지 못하지만 '그냥 어쩐지 느껴지는' 직감이나 예감이라는 형태로 꽤 많은 것을 알려주고 있습니다. 그리고 그러한 무의식의 속삭임은 우리의 행동에 꽤 많은 영향을 끼치고 있습니다.

예를 들어 서점에서 '그냥 끌려서' 직감으로 고른 책이 당신의 인생을 바꾸게 된 한 권이었다고 칩시다. 그 책이 왠지 모를 끌림에 의해 내 손에 들어오게 되기까지는 무의식의 힘이 작용한 것입니다. 또한 사업을 하며 계속 거래해왔던 거래처 대표가 '어쩐지 수상한 느낌이 들어' 거래를 끊었다고 합시다. 그런데 몇 주 후 분식회계 등의 불법 행위가 밝혀지며 그 회사가 도산했다는 뉴스를 보게 되었다면 당신의 왠지 모를 그 예감도 무의식 덕분에 적중했을지 모르지요. 또 직업상 모임에서 가끔 마주치던 사람과 직감적으로 왠지 끌려서 여러 차례 대화를 했는데, 나중에 비즈니스를 하는 데 꼭 필요한 파트너가 되었다면 직감적으로 왠지 끌렸던 것도 무의식의 힘이 작용한 것인지 모릅니다.

위의 예시들을 보고 너무 비과학적이라고 생각할지도 모르겠습니다. 하지만 이러한 '왠지 모를 직감이나 예감(무의식의 소리)'이 우리의 행동에 큰 영향을 미치고 있다는 사실은 이미 뇌 과학이나 심리학, 행동경제학 등에서 뜨겁게 논의되어온 만큼 결코 비과학적인 것이 아닙니다.

저는 오히려 이러한 '왠지 모르게 끌리는 무의식'의 영향을 과학적으로 밝혀나가는 것이 인간의 인지, 행동 등의 학문이나 컨디셔닝 방법을 발전시켜갈 열쇠가 될 거라고 확신합니다. 그것을 근거로 말씀드리자면, 무의식에는 '자신이 추구하는 답을 찾아주는 힘'이 있다고 생각합니다. 무의식은 당신이 가려고 하는 방향이나, 당신이 무엇을 원하는지를 '왠지 모르게' 알고 있습니다. 그러므로 머리로 복잡하게 생각하지 말고, 때로는 무의식이 속삭이는 직감과 예감을 따라가는 것도 좋습니다.

비틀즈의 명곡 <렛 잇 비>는 사실 무의식적인 노래?
-

'무의식의 소리'에 대해 조금 더 이야기해보겠습니다.

많은 분들이 비틀즈의 명곡 <렛 잇 비Let it be>를 알고 있지요? 저도 굉장히 좋아하고, 비틀즈의 곡 중에서 가장 좋아하는 곡입니다. 그런데 이 노래가 '어렵고 복잡하게 따지고 고민하며 만들었다기보다, 자기 안의 소리를 따라 있는 그대로 만든 것이 아닌가' 하는 생각이 듭니다.

〈렛 잇 비〉는 번역하면 '있는 그대로', '되는 대로'라는 뜻입니다. 이 곡을 만들 무렵, 사실 비틀즈는 거의 분열 상태가 되어 폴 매카트니는 비틀즈를 앞으로 어떻게 하면 좋을지, 존 레논과의 불화를 어떻게 해결해가면 좋을지에 대한 문제로 굉장히 고민하고 있었습니다.

그런 와중에 깜박 잠이 든 폴의 꿈속에 돌아가신 어머니가 나타나 "있는 그대로 받아들이거라"라고 속삭였다고 합니다. 그 말에 영감을 얻어 폴은 〈렛 잇 비〉를 쓰게 되었다고 합니다. 아마도 그 당시 폴은 굉장히 힘들었을 것입니다.

이러지도, 저러지도 못해 괴로워하다 지쳐 힘이 빠져 있는데, 문득 자신이 찾아 헤매던 답이 갑자기 떠오르는 순간이 있습니다. 잠깐 손을 놓고 있을 때 구름 사이로 빛이 새어나오듯 새로운 지평이 보이면서 '아, 그래. 이런 것도 괜찮지'라고 깨닫는 순간처럼요. 폴은 아마 그런 느낌이지 않았을까요? 그리고 이것은 자신의 내면의 소리(무의식이 속삭이는 소리)가 고민하는 것에 대한 답을 찾아주고, 자신이 나아가야 할 방향을 깨닫게 해준 것이라고 할 수 있습니다.

그 후 폴 매카트니는 솔로 활동을 선언하고, 비틀즈를 해산하기로 결정했습니다. 아마도 '더 이상 고민할 필요 없어. 아등바등

발버둥치지 말고, 나의 현실을 있는 그대로 받아들이자'라고 결의를 다진 것이겠지요. 정말 '렛 잇 비(있는 그대로)', 다른 사람이나 주변 상황에 휘둘리지 않고 자기 안의 내면의 소리에 따라 하고 싶은 것을 추구하기로 한 것입니다.

무의식은 언제나 답을 알고 있다

-

살다 보면 누구나 어떻게 해야 할지 결정하기 힘들 때가 있지요? '이 일을 계속해야 할까, 그만둬야 할까', '부모님 집으로 다시 들어가야 할까, 계속 혼자 살아야 할까', '해외로 일을 확장해가야 할까, 그만둬야 할까'처럼 어떤 선택은 앞으로의 인생에 커다란 영향을 끼치는 분기점이 되기도 하지요.

그럴 때에는 폴 매카트니처럼 자기 안의 내면의 소리, 즉 무의식이 속삭이는 소리에 따라 '렛 잇 비'의 길을 가는 것이 가장 좋습니다. 왜냐하면 무의식이 속삭이는 소리는 대개 올바른 것이기 때문입니다.(물론 가끔 틀릴 때도 있지만요.)

무의식에는 지금까지 몇 십 년에 걸쳐 살아오면서 체험해온 '성공 패턴'이나 '실패 패턴'이 경험치로 쌓여 어떤 틀이 형성되어 있습니다. 머리로 의식하지 않아도 이제까지의 경험을 토대로 무의식중에 '이번은 잘될 패턴인데', '이번에는 이렇게 하는 게 맞아', '이번은 실패할 패턴이야', '이번에는 이것을 선택하면 안 돼' 등과 같은 것을 '그냥' 알고 있습니다. 그리고 '그냥 알고 있는 경험치'를 직감이나 예감으로 알려줍니다. 그러므로 고민되거나 망설여져서 나아가야 할 길을 도저히 알 수 없을 때에는 머리로 생각하며 이성적으로만 판단하기보다는 자신의 내면에서 들려오는, '왠지 모르지만' 느껴지는 직감이나 예감을 믿어보는 것도 좋습니다.

무의식에는 스스로 나아가야 할 길을 자동적으로 개척해나가는 힘이 내재되어 있습니다. 잠시 멈춰 서서 무의식의 소리에 귀를 기울이는 습관을 가지고 있는 사람과 그렇지 않은 사람은 자신이 희망하는 것을 얻느냐, 그렇지 못하느냐에 꽤 커다란 차이가 생기게 됩니다. 무의식에 귀를 기울이고 그 힘을 제대로 끌어낸다면 분명 자신의 생활이나 인생을 원하는 방향으로 전환하는 것이 가능해질 것입니다.

슬럼프에 빠졌다면
내면의 소리를 들어라

<><><><><><><><><>

아무리 뛰어난 운동선수도, 아무리 유능한 경영인도 한 번씩 슬럼프에 빠지기 마련입니다. 단, 그들은 슬럼프에 빠지더라도 고쳐야 할 부분을 바로 찾아내 슬럼프에서 금방 빠져나옵니다.

대개 뛰어난 운동선수들은 슬럼프가 짧습니다. 슬럼프에 빠져도 빠르게 털고 일어나기 때문에 통산 기록으로 봤을 때 좋은 성적을 낼 수 있는 것입니다. 다시 말해 뛰어난 능력을 가진 사람들은 자신이 안 좋은 흐름에 빨려갈 것 같거나, 혹시 안 좋은 흐름에 빠지더라도 금방 그 흐름에서 벗어나 자기 본연의 흐름을 되찾을 수 있는 기술을 가지고 있습니다.

저는 그 이유가 평소에도 무의식을 몸에 익히고 있기 때문이라고 확신합니다. 일상생활 속에서 잠깐씩 멈춰 서서 자기 안의 무의식의 소리에 귀를 기울이기 때문에 안 좋은 흐름에 빠지는 일 없이 최상의 실력을 한결같이 유지할 수 있는 것입니다.

뛰어난 능력을 가진 사람들은 아주 자그마한 징후도 놓치지 않고, 잘 안 되거나 흐트러지는 부분을 바로 수정합니다. 그것은 자기 내면의 무의식의 소리에 항상 귀를 기울이고, '왠지 모를 좋지 않은 예감'이나 '뇌리를 스치는 불안'을 그냥 흘려버리지 않기에 가능한 것입니다. 즉, '이건 좋지 않은 방향으로 갈 때의 패턴인데', '지금의 퍼팅은 폼을 무너뜨리는 느낌이야'라는 무의식이 속삭이는 경보를 보다 빨리 눈치 채고 그때마다 수정을 해나가는 것입니다. 이것은 우리의 인생에도 똑같이 적용시킬 수 있습니다.

우리의 긴 인생에서 하고 있는 일이 잘 안 풀리거나, 병에 걸리거나 해서 안 좋은 흐름으로 나아가는 때도 있겠지요. 사고나 재해 등을 만났을 때 어떻게 해야 좋을지 알 수 없을 때도 있을 것입니다. 그런 때일수록 가만히 멈춰 서서 무의식의 소리에 귀를 기울여야 합니다. 그러면 안 좋은 쪽으로 기울어가던 인생의 흐름이 좋은 쪽으로 바뀔 가능성이 충분히 있습니다.

"나는 당신들에게 내 분노를 선물하지 않겠다"

—

좋지 않은 일이 생겼거나 최악의 상황에 휘말렸을 때 내 안의 내면의 소리가 나를 구해줄 수도 있습니다. 여기서 한 가지 에피소드를 소개하려고 합니다. 2015년 11월, 파리에서 동시다발적으로 일어난 테러 사건을 기억하고 계십니까?

저널리스트 앙투안 레리스는 그 테러로 사랑하는 아내 헬렌을 잃었습니다. 둘 사이에는 당시 17개월 된 아들이 있었는데, 이 세 사람의 행복한 생활이 어느 날 갑자기 테러범들에 의해 절망의 구렁텅이로 빠지게 된 것입니다.

사건 이틀 후, 레리스는 페이스북에 "나는 당신들에게 내 분노를 선물하지 않겠다"라고 용의자들을 향해 메시지를 던졌습니다. 이 메시지는 인터넷상에서 22만 건 이상 조회되면서 전 세계적으로 이슈가 되었고, 많은 사람들의 공감을 불러일으켰습니다. 그 메시지의 일부를 발췌해 소개하겠습니다.

금요일 밤, 당신들은 내게 있어 가장 소중한 사람의 생명을 앗아갔다. 그녀는 내가 가장 사랑하는 아내이자, 내 아이의 엄마였다. 하지만 나는 당신들을 증오하지 않기로 했다.

당신들이 누구인지 모른다. 알고 싶지도 않다. 당신들은 죽은 영혼이다. (중략)

그렇기에 나는 당신들에게 증오라고 하는 선물을 하지 않겠다. 당신들은 내 분노를 얻고 싶었겠지만, 분노와 증오를 당신들에게 돌려주는 건 죽은 희생자들을 당신들과 똑같은 무지한 존재로 만드는 것과 같다.

당신들은 내가 두려움에 떨며 내 조국의 사람들을 불신하게 만들고, 안전을 위해 자유를 희생하기를 바라겠지만, 당신들은 실패했다. 난 그렇게 되지 않을 거니까.

오늘 아침, 그녀를 만났다. 금요일 밤에 집을 나섰던 때 그대로, 그리고 내가 사랑에 빠졌던 12년 전과 마찬가지로 여전히 아름다웠다. 물론 이것은 당신들에게 작은 승리일 것이다. 하지만 고통은 오래 지속되지 않을 것이다. (중략)

아들과 나 둘만 남았지만, 우리는 세상 어느 군대보다도 강하다. 이제 더 이상 너희들에게 신경 쓸 시간이 없다. 지금 막 잠에서 깬 아들에게 돌아가야 한다. 그는 아직 17개월이고 평소처럼 간식을 먹고, 평소처럼 함께 놀 것이다. 그리고 내 아들이 살아가는 동안 행복하고 자유롭게 살아감으로써 당신들은 더욱 괴로울 것이다. 왜냐하면 당신들은 내 아들의 분노도 돌려받지 못할 테니까.

이와 같이 레리스는 분노와 공포에 지배당해 상대를 증오하게 되는 것은 테러에 굴복하는 것이고, 반대로 아들과 둘이서 행복하게 살아가는 것만이 테러에 승리하는 길이라고 확신합니다. 또한 그 사건으로부터 1년 후, 레리스는 이 메시지를 투고했을 때의 심경을 잡지 인터뷰에서 다음과 같이 말했습니다.

"제가 당시 그런 글을 쓴 것은 자기방어이기도 했습니다. 누구라도 견딜 수 없을 것 같은 공포를 체험한 후 암울한 세계에 갇혀버리게 되면 그럴 것입니다. 당시 저는 제 자신 안에서 무언가 자그마한 '빛'이라도 찾아내지 않으면 안 될 것 같았습니다. 저는 본능적으로 증오와 결별하고, 미래와 마주하기를 선택한 것이겠지요."

이것이야말로 자기 안의 내면의 소리가 앞을 향해 나아갈 수 있는 용기를 불러일으켜준 것이 아닐까요?

어쩌면 슬픔에 빠져 분노와 증오에 지배당할 것 같은 때 '아니야, 그 길로 가면 안 돼'라고 하는 내면의 소리가 들렸는지도 모릅니다. 인간의 강인함은 이렇게 자기 안의 내면의 소리에 냉정하게 귀를 기울일 때 나오는 것입니다. 그리고 자기 안에서 이처럼 강인함을 끌어낼 수 있는 사람은 아무리 최악의 상황에 빠진다 해도 굴하거나 좌절하지 않고 앞을 향해 똑바로 걸어 나갈 수 있습니다.

누구라도 안 좋은 흐름에 빠지지 않고, 자신의 상태를 좋은 방향으로 되돌릴 수 있습니다. 풀이 죽거나 좌절하지 않고 강하게 살아갈 수 있는 힘, 분명 우리 안의 무의식에도 그러한 힘이 내재되어 있습니다.

무의식의 발견은
나를 더욱 성숙하게 만든다

◇◇◇◇◇◇◇◇◇◇

현재 자신의 모습에 만족하는 사람이 과연 얼마나 있을까요? 사람들은 대부분 지금보다 잘할 수 있는 방법을 모색합니다. 어떤 방향을 모색하는지는 사람마다 제각각 다르겠지만 대체로 다음과 같은 생각을 합니다.

"더 높이 오르고 싶어."

"지금보다 기술을 더욱 향상시키고 싶어."

"지금 하고 있는 일을 다시 생각해보고 싶어."

"지금의 환경에서 벗어나고 싶어."

혹시 이런 생각을 매 순간 하고 있지는 않은가요? 그런데 바쁘게 생활하며 일이나 집안일 등 이런저런 일들에 치이다 보면 마음먹었던 각오들이 일상에 묻혀버립니다. 그리고 몇 개월, 몇 년, 몇 십 년이 흘러버리는 사이 자신의 실력을 좀 더 갈고닦으려던 각오들은 지난 세월과 함께 풍화되어갑니다. 이제부터라도 그러지 않도록 매일 잠깐씩 가만히 멈춰 서서 내 안에 '무언가를 좀 더 하고 싶어', '나 자신을 좀 더 향상시키고 싶어'라는 마음(무의식)을 되새기려는 노력을 해야 합니다.

매일 가만히 멈춰 서서 '지금 내가 해야 할 것은 무엇인가'에 빛을 비추고, 무의식의 힘을 끌어내 익히고 갈고닦다 보면 무의식의 힘이 차곡차곡 쌓여 인간적으로도 성장할 수 있습니다. 불교에서 매일 수도승들이 하는 심신 수행이나, 천주교의 수녀들이 행하는 수행 등도 크게 묶어서 본다면 '내 안의 무의식을 깨닫기 위한 수행'이자, '나라고 하는 사람을 한층 단련시키기 위한 수행'입니다. 결국 이 세상의 종교란 자기 안의 내면의 소리, 무의식의 소리를 선명하게 들어 그것을 바깥으로 끌어내기 위해 발달한 것이 아닐까요?

아마도 자신의 무의식을 깨닫고 깨달음의 경지에 도달해 그 힘을 완전히 자신의 것으로 만든 사람은 생로병사 따위의 괴로움에 휘둘리거나, 바로 눈앞의 의식이나 번뇌에 사로잡히지 않고 인생을 뚝심 있게 살아갈 수 있을 테지요. 그러면 그 어떤 두려움, 그 어떤 스트레스 없이 평온한 인생을 살아갈 수 있게 될 것입니다. 그 정도 경지까지는 오르지 못한다 하더라도 무의식의 힘을 차곡차곡 쌓아가면서 자신을 단련해나간다면 한 인간으로서 더 성장하고, 더 강하고 대담해질 수 있을 것입니다.

내 안의 무의식에 빛을 비추어 자기 자신을 꾸준히 단련해간 다면 레리스처럼 어려운 상황에 부딪히더라도 흔들리지 않고 견디는 힘을 갖게 될 것입니다. 그러므로 '무언가를 좀 더 하고 싶어', '나 자신을 좀 더 향상시키고 싶어'라는 마음이 든다면 매일 잠깐씩 멈춰 서서 무의식의 소리에 귀를 기울이고 자신을 향상시킬 수 있는 방법을 모색해보세요. 그러면 어느 순간 길이 열릴 것입니다. 무의식은 내가 어디로 가고 싶은지, 어떻게 되고 싶은지, 무엇을 어떻게 향상시키고 싶은지를 잘 알고 있거든요. 무의식이 가리키는 방향을 확실히 바라보면 진정으로 강한 인간이 되는 길을 찾게 될 것입니다.

나를 가장 잘 아는 것은
나의 무의식이다

<><><><><><><>

어떤 일을 하든 성공하는 사람과 좀처럼 성공하지 못하는 사람, 그 둘에게는 어떤 차이가 있는 것일까요? 아마 노력이나 재능의 문제만은 아닐 것입니다. 왜냐하면 재능도 있고 노력도 정말 많이 하는데, 그 능력을 발휘하지 못하는 사람도 꽤 있거든요.

그렇다면 도대체 무엇이 그 둘을 가르는 기준이 될까요? 바로 '무의식을 끌어내는 데 익숙하느냐, 그렇지 않느냐'가 관건입니다. 지금까지 계속 말씀드렸듯이 우리의 무의식에는 '자신이 바라는 것'이나 '자신이 추구하는 것'을 자동적으로 이룰 수 있게 하는 힘이 내재되어 있습니다.

뛰어난 운동선수들이나 유능한 경영인들은 모두 예외 없이 '자신이 이루고자 하는 것'을 소중히 하는 경향이 있습니다. 때에 따라 자신의 내면을 돌아보거나 반성하기도 하고, 때로는 자문자답을 하면서 그 '목표를 이루고자 하는 마음'을 매일 키워가는 것입니다. 그렇게 평소 목표를 이루고자 하는 마음을 크게 키워가는 습관을 들이면 정말 중요한 순간에 자신의 능력을 끌어내 멋지게 실력 발휘를 할 수 있게 되고, 자신이 바라는 성공에 가까이 다가갈 수 있습니다. 다시 말해 그것은 성공을 앞당기는 무의식의 힘이라고 할 수 있습니다. 그러한 힘을 키워 마음껏 활용한다면 일일이 머리로 의식하지 않아도 자신이 바라는 성공이 자연스럽게 가까이 다가오지 않을까요?

어쩌면 인간의 무의식에는 '자동 성공 시스템' 같은 기능이 탑재되어 있는지도 모릅니다. 그리고 그 시스템을 제대로 사용하는 사람과 전혀 다루지 않는 사람은 결과적으로 비교할 수 없을 만큼 큰 차이를 보이게 되는 것입니다.

무의식의 힘을 발휘해 이 자동 성공 시스템을 제대로 가동시키는 사람은 반드시 착실하게 한 단계, 한 단계 올라가면서 목표에 가까워지고, 인생에서 바라는 성공도 손에 쥐게 될 것입니다. 무의식의 힘을 발휘하고, 안 하고는 그 정도로 우리의 인생에 커다란 영향을 미칩니다.

의식하지 않을 때 비로소 강하고 부드러운 사람이 된다

-

이 책의 처음 부분에서도 말씀드렸듯이 저는 의사가 되고 나서 다음과 같은 주제를 연구 목표로 삼고 오랫동안 연구를 해오고 있습니다.

사람은 어떻게 하면 잘 살아갈 수 있을까?

사람은 어떻게 하면 중요한 순간에 실력을 제대로 발휘할 수 있을까?

사람은 어떻게 하면 원하는 대로 성공 가도를 달릴 수 있을까?

사람은 어떻게 하면 후회 없는 인생을 살아갈 수 있을까?

과연 이처럼 '어떻게 하면 좋을까?'에 대한 답은 어디에 있는 것일까요? 지금 단계에서 제가 확신하는 것은, '답은 언제나 자신의 무의식 안에 있다'는 것입니다.

'어떻게 하면 잘 살아갈 수 있을까?'에 대한 답도, '어떻게 하면 중요한 순간에 실력을 제대로 발휘할 수 있을까?'에 대한 답도, '어떻게 하면 후회 없는 인생을 살아갈 수 있을까?'에 대한 답도 모두 자신의 무의식 안에 있습니다. 그러므로 답을 찾고 싶다면 먼저 무의식을 몸에 익히고, 그 힘을 끌어내야 합니다. 내 안에 내재되어 있는 자동 성공 시스템을 확실히 가동시켜 그 힘을 끌어내야 합니다.

몇 번이고 말씀드리지만, 무의식의 힘은 누구에게나 내재되어 있습니다. 그 무의식 시스템을 확실히 가동시키면 누구라도 잘 살아갈 수 있으며, 누구라도 중요한 순간에 자기 본연의 힘을 발휘할 수 있게 됩니다. 누구든 잘되는 쪽, 즉 성공의 흐름을 탈 수 있으며, 누구든 후회 없는 인생을 살아갈 수 있습니다. 그러므로 자기 안의 무의식 시스템을 가동시켜보십시오.

매일 반복되는 일상의 흐름 속에서 잠시 멈춰 서서 내 안의 내면의 소리에 귀를 기울이십시오. 자신이 좋은 흐름을 탈 수 있도록 말입니다. 만약 조금이라도 '어? 흐름이 좋지 않은데?'라고 느껴진다면 그 시점에서 잠시 멈춰 서서 무의식에 따라 흐름을 바꿔가도록 노력해보십시오.

무의식은 당신이 가고자 하는 방향을 이미 알고 있습니다. 내 안의 무의식의 힘을 믿고 그 흐름을 타고 가보세요. 그렇게 되면 반드시 무의식이 바른 흐름, 잘되는 흐름으로 데려다줄 것입니다.

답은 언제나 무의식 안에 있습니다. 무의식의 힘에 확실히 빛을 비춘다면 길을 잃거나 헤매지 않고 자신이 원하는 인생의 길을 찾을 수 있을 것입니다. 당신의 성공도, 당신의 건강도, 당신의 행복도 무의식의 힘을 발휘하느냐, 그렇지 않느냐에 달려 있습니다.

그렇다면 내 안에 잠들어 있는 무의식의 힘을 끌어내야겠지요? 그 힘을 살려서 최상의 실력을 발휘하는 것입니다. 그러면 앞으로 매일, 당신의 인생은 최고로 밝은 빛을 발하게 될 것입니다.

지금 당장 의식하는 삶에서 벗어나라

◇◇◇◇◇◇◇◇◇◇

'의식하지 않기=무의식'이라고 하는 주제에 대한 연구는 '사람은 왜 실패나 후회를 하는 것일까?'라는 의문에서 시작되었습니다. 처음에는 실패나 후회를 하지 않는 것 자체가 중요하다고 생각했습니다. 결국 실패의 원인을 밝혀내는 것이 다음번 실패나 후회를 줄이기 위해서라도 꼭 필요한 과정이라고 생각했기 때문입니다. 하지만 모든 실패나 후회는 결국 자신의 문제이며, 실패나 후회를 할 때 내가 어떤 상태에 있었는지를 깨닫게 되었습니다. 문제는 바로 '무언가를 의식한다'는 것이었습니다. 실패나 후회의 그늘에는 항상 의식하고 있는 내가 있었고, 그 의식은 언제나 나

200

와는 상관없다는 듯 나 자신을 점령하고 있었던 것입니다.

확실히 스포츠를 할 때에도, 연애를 하면서도, 또 일에 있어서도 마찬가지로 우리는 자신에게 무언가 이익이 생기길 바라거나, 자신이 상처받지 않도록 하거나, 자신의 바람 등을 강하게 의식하면서 행동하게 됩니다. 그런데 불행히도 좋은 결과를 내지 못했던 일들 중에는 '무의식적으로 판단하고 행동했더라면 보다 나은 결과를 낼 수 있었을 일들'이 많이 있습니다.

저는 지금까지 자율신경에 관해 많은 연구를 해왔는데, 드디어 그 결승점이 보이는 듯합니다. 결국 '자율신경을 안정시킨다'는 것은 이처럼 의식하는 것을 좋은 방향으로 끌고 가 소위 말하는 무의식의 상태, 즉 '자연스러운 나'를 만들어내는 것입니다. 자신의 감정이나 욕구를 아무렇지 않게 제3자의 입장에서 보듯 판단하고 행동할 수 있는 상태, 스포츠에서 말하는 존 상태로 자신을 이끌고 갈 수 있느냐, 없느냐가 중요한 것입니다.

우리는 이 세상에 태어나 죽을 때까지 항상 무언가를 의식하며 생활합니다. 특히 대인관계에 있어서는 '미움받고 싶지 않아', '따돌림 당하고 싶지 않아', '사람들이 나를 좋아해주면 좋겠어'라는 식의 의식에서 얼마만큼 자신을 희생시키며 참아가고 있을까요?

IT의 진보에 따라 많은 정보를 손쉽게 얻을 수 있게 되면서 의식해야 할 것들도 더 늘어났지요. 그것이 현대를 스트레스 사회로 바꿔버린 듯한 느낌이 듭니다.

스트레스를 줄이기 위해 어떻게 해야 좋을지, 병에 걸리지 않기 위해 어떻게 해야 좋을지 등 많은 연구에서도 알 수 있듯이 많은 사람들이 의식을 함으로써 '킬러 스트레스'라고 하는 병에 걸려 있습니다. 자신도 모르게 어느 순간 그 병에 걸리게 되면 정신적으로도 헤어나오지 못하고, 그것이 고통과 괴로움으로 이어집니다.

지금 한번 자신의 인생, 자신의 삶의 방식을 돌아보십시오. 살아간다는 것은 그 자체만으로도 가치 있는 일입니다. 그럼에도 우리는 쓸데없는 것을 의식하며 인생을 허비하고 있습니다. 그런 면은 누구에게나 있을 것입니다.

이렇게 말하고 있는 저도 마찬가지로 많은 방황을 했습니다. 그러하기에 여러분이 '이제 나이도 들었는데', '이제 와서 삶의 방식을 바꾸어본들', '어차피 원래대로 되돌릴 수도 없는데, 뭘'이라고 생각하는 것도 이해는 됩니다. 하지만 만일 지금 바뀌지 않는다면 1년 후, 5년 후, 10년 후에 어떻게 생각하게 될까요? 분명 '그때 했었어야 했는데' 하고 후회할 것입니다.